[탈무드와 모세오경]

유대인들은 성경을 읽지 않고, 평생 공부한다
배우지 않는 종교는 미신이 된다

유대인들의 구약성경에는 두 가지가 있다. 글로 쓴 성경인 '모세오경(토라)'과 구전되어 내려온 '장로의 유전'이다. '장로의 유전'을 보존하기 위해 글로 정리한 내용을 현자들이 주석을 달아 완성한 것이 탈무드다.
탈무드는 다시 두 부분으로 나뉜다. 모세오경을 해석한 부분이 '할라카'이고 조상들의 지혜를 모은 것이 '아가다'다. 이 책은 랍비 마빈 토카이어가 탈무드 가운데 모세오경에 대한 내용을 일목요연하게 소개하고 주석을 단 것이다.

IQ · EQ 박사 현용수의 유대인 자녀교육 총서
탈무드 시리즈 2

탈무드와 모세오경

1판 1쇄 (동아일보, 2007년 9월 21일)
1판 4쇄 (동아일보, 2013년 6월 1일)
2판 1쇄 (도서출판 쉐마, 2016년 4월 4일)

저자 | 마빈 토카이어
편역자 | 현용수
펴낸곳 | 도서출판 쉐마
등록 | 2004.10.27
  제315-2006-000033호
주소 | 서울시 강서구 공항대로71길 54
  (염창동, 태진한솔아파트 상가동 3층)
전화 | 02-3662-6567
팩스 | 02-2659-6567
이메일 | shemaiqeq@naver.com
홈페이지 | http://www.shemaIQEQ.org
총판 | 한국출판협동조합(일반)
  생명의 말씀사(기독교)

Copyright ⓒ 현용수(Yong Soo Hyun), 2016
본서에 실린 자료는 저자의 서면 허가 없이 복제를 금합니다.
Duplication of any forms can't be published without written permission.

ISBN 978-89-91663-73-2 04370
ISBN 978-89-91663-72-5 04370(세트)

값 17,000원

> 돌판 쉐 마 는 무너진 교육을 세우기 위한 대안으로
> 인성교육과 쉐마교육의 원리와 실제를 연구하여 보급합니다.

IQ·EQ 박사 현용수 편저 **탈무드 시리즈 2**

[탈무드와
모세오경]

랍비가 해석한 모세오경

마빈 토카이어 지음 · **현용수** 편역

쉐 마

차례

- 한국 독자들에게 드리는 말씀 · 8
- 편역자의 말
  탈무드의 원전은 토라다 · 10
- 저자의 말
  성경의 빛 · 14
- 〈LA타임스〉 현용수 박사 특집 보도 원문 · 24

제1장
Talmud 성경의 맛 · 창세기

둘째 날 · 28 _ 큰 빛과 작은 빛 · 34 _ 타닌 · 36 _ 낙관주의 · 38 _
하나님을 닮는다 · 39 _ 육식 · 41 _ 안식일 · 43 _ '7' 이라는 숫자 · 47 _
에덴동산 · 52 _ 여자 · 57 _ 쫓겨난 아담과 이브 · 59 _ 여성상위 · 67 _
수치 · 69 _ 자녀는 누구의 것인가 · 72 _ 정의의 사람 · 81 _
동성애 · 90 _ 바벨탑 · 93 _ 국가 · 97 _ 여행자 · 100 _ 저주 · 104 _
가르침 · 107 _ 테에이쿠우 · 109 _ 토지 · 113 _
불여일견(不如一見) · 116 _ 세계에서 가장 오래된 전쟁 기록 · 118 _
선택받은 백성 · 121 _ 곤경에 처했을 때 · 123 _ 이름 · 127 _

가나안 · 129 _ 할례(割禮) · 130 _ 접대 · 131 _ 축복 · 134 _
여행자와 돈 · 137 _ 정의의 관념 · 141 _ 발을 씻는 것 · 144 _
가정과 사회 · 147 _ 하나님의 시험 · 149 _ 외국인 · 155 _
결혼과 인종차별 · 159 _ 죽음 · 161 _ '임'의 해석 · 163 _
통곡의 벽 · 164 _ 감사하는 마음 · 167 _ 가족 · 169 _ 가랄티 · 171_
편애 · 174 _ 유다의 잘못 · 176 _ 바위와 부재(父子) · 180

제2장 모세의 지팡이 · 출애굽기

Talmud

신발 · 184 _ 반체제(反體制) · 190 _ 출생 · 192 _
자유로운 휴일 · 193 _ 지도자의 비극 · 195 _ 최초의 교육자 · 198 _
살인 · 200 _ 미망인 · 202 _ 복수(複數)의 뜻 · 204 _ 순수 · 206 _
황금송아지 · 209 _ 환경 · 211

Talmud 제3장 회당의 등불 · 레위기

간결 · 216 _ 고르반 · 218 _ 다로쉬 다로쉬 · 221 _ 보건 위생 · 223 _
시각장애 · 226 _ 2가지 죄 · 228 _ 이웃사촌 · 231 _ 노인 · 232 _
5일제 근무 · 233 _ 시간의 중요성 · 235 _ 어떤 인구 비율 · 237

Talmud 제4장 사막의 지혜 · 민수기

교육자의 자질 · 242 _ 나실인 · 244 _ 취임식의 말 · 246 _
명예 · 251 _ 비범 속의 평범 · 254 _ 퇴위 · 258 _ 교육의 안전 · 260

Talmud 제5장 최고의 기도 · 신명기

인간 대 신 · 266 _ 책의 민족 · 268 _ 타협 · 270 _ 유대인 · 273 _
먹는다는 것 · 275 _ 낭비 · 278 _ 동물애 · 280 _ 이자(利子) · 282 _
개인의 죄 · 285 _ 단결 · 286 _ 회당 · 288 _ 신격화 · 290

 제6장
Talmud 성경의 향기

3명의 조상 · 294 _ 아브라함의 행동 · 297 _ 야곱의 행동 · 304 _
요셉의 행동 · 310 _ 모세 · 318

제7장
Talmud 성경의 울림

최초의 문자 · 332 _ 토라 · 335 _ 7가지 규범 · 342_
추상적 사고의 힘 · 345 _ 선택하고 선택받는 것 · 348 _
사바스(안식일) · 351_ 자유 · 355 _ 올리브 · 357 _ 교육열 · 360 _
개인주의 · 362 _ 천사 · 364 _ 먼저 다툼 · 366 _ 이야기의 효용 · 372_
균형 · 375 _ 무지개 · 378 _ 기도 · 381 _ 십계명에 대해서 · 383 _
인간의 조화 '하늘과 땅' · 385 _ 살세레트 · 387

[한국 독자들에게
    드리는 말씀]

내가 미국 공군으로 한국에서 근무할 때 가졌던 몇 년 간의 좋은 추억들을 기억합니다. 이제 존경하는 현용수 박사가 유대주의에 대한 나의 저서들을 한국말로 번역한다는 소식을 듣고 매우 기쁘게 생각합니다.

한국인과 유대인은 공통점이 매우 많은 민족입니다. 그리고 매우 비슷한 가치들을 나눌 수 있습니다. 그리고 서로 많은 것들을 배울 수 있습니다.

나는 유대주의의 이상들이 갖고 있는 정신과 유대인 역사의 교훈 그리고 유대인의 생존법이 한국인들에게 가치 있는 메시지가 되리라 믿습니다. 한국인들이 유대주의에 대해 어떻게 반응하는지 서로 메시지를 나누어 듣기를 기대합니다.

마빈 토카이어

Rabbi Marvin Tokayer
17 Gay Drive
Great Neck, NY 11024

A Personal Message from the Author

I remember so favorably my years in Korea when I was with the U.S. Air Force. I am now so honored that the Rev. Dr. Yong-Soo-Hyun will be translating my books on Judaica into the Korean language. The Korean people and the Jewish people have so much in common, and share so many similar values, and have much to be learned from each other. I trust that the spirit of Jewish ideas, and the message of Jewish history and survival, will be of value to Koreans. I look forward to receiving messages from Korea sharing reactions from the voice of the Jewish experience.

Best wishes,

Rabbi Marvin Tokayer

[편역자의 말
탈무드 시리즈를 펴내며]

탈무드의 원전은 토라다

　　　　　　'유대인의 지혜' 하면 탈무드를 연상하게 된다. 실제로 그들은 밤낮으로 탈무드를 연구한다. 그러나 그 탈무드의 원천이 구약성경임을 잊어서는 안 된다.

　유대인에게는 2가지 구약성경이 있다. 하나는 글로 쓴 성경인 '모세오경(토라)' 이며, 다른 하나는 구전되어 내려오는 '장로의 유전' 이다. '장로의 유전' 을 보존하기 위해 요약·정리한 것이 '미쉬나' 이고, '미쉬나' 에 주석을 단 것이 '게마라' 이며, '미쉬나' 와 '게마라' 에 현자들이 다시 주석을 달아 완성한 것이 탈무드다.

탈무드 또한 크게 두 부분으로 나뉜다. 첫째, 모세오경을 해석한 부분을 '할라카'라고 하는데 탈무드 전체 분량의 약 3분의 2를 차지한다. 할라카는 모세의 율법을 어떻게 잘 지켜 행하느냐에 대한 방법을 제시하고, 그 내용에 대한 랍비들의 토론 내용을 포함한 책이다. 둘째, 조상들의 지혜를 모은 '아가다'가 있다. 한국에서 흔히 볼 수 있는 탈무드는 대부분 아가다를 옮긴 것으로, 탈무드 전체 분량의 약 3분의 1을 차지한다. 따라서 유대인들은 탈무드 연구라고 하면 곧 '모세오경(토라)' 연구라고 본다.*

이는 무엇을 뜻하는가? 유대인의 지혜 자체가 하나님의 말씀에서 나온다는 뜻이다. 그러므로 성경을 모르면 유대인에 대해 설명할 길이 없다.

본서는 유대인 랍비들이 오랜 세월 토론을 통해 정리한 모세오경을 랍비 마빈 토카이어가 일목요연하게 소개한 일

---

* 이에 대한 학문적 연구를 위해서는 편역자의 저서 《유대인 아버지의 4차원 영재교육》(동아일보, 2005), 제1권 제2부 제2장 '유대인은 자녀에게 무엇을 가르치나? 토라와 탈무드' 참조.

종의 모세오경 주석서다. 본서를 읽으면 인류의 근원은 물론, 역사를 주관하시는 하나님의 뜻을 알게 될 것이다. 또, 그 뜻을 지켜 행함으로써 구별된 하나님의 백성이 될 수 있을 것이다.

구약성경은 유대인들뿐만 아니라 모슬렘, 가톨릭, 기독교도들도 경전으로 여기고 있다. 그런데 왜 똑같은 성경인데 해석에서 차이가 나는가? 차이가 있다면 어느 종교의 해석이 가장 원전 해석에 근접한가? 그것을 알려면 하나님이 어느 민족에게 토라를 주셨는지 따져보면 된다. 토라를 받은 민족이 유대인이다.

예수님도 유대인이셨고 바울도 유대인이었다. 따라서 구약성경에 대한 유대인의 해석을 우선적으로 받아들여야 한다(물론 신약 시대의 구속사적 시각에서 해석하는 경우는 예외로 할 수 있다).

따라서 본서를 읽는 독자들은 기독교 학자들이 놓쳤던 보석 같은 성경의 맛, 유대인의 번뜩이는 지혜의 빛을 맛볼 수 있을 것이다. 그리고 신구약 성경을 이해하는 데 많은 도움을 얻을 수 있을 것이다.

2007년 추수감사절에

미국 웨스트 로스앤젤레스 쉐마교육연구실에서

현용수

[저자의 말
탈무드 시리즈를 펴내며]

성경의 빛

인류의 손실

사람들은 성경이라고 하면 구약이나 신약 모두를 기독교의 것이라고 생각하고 있지만 이것은 착각이다. 구약성경은 실은 유대인들의 것이며, 유대인의 성경이라는 사실을 먼저 강조해두고 싶다.

그러나 오늘날 유대인을 포함하여 대부분의 사람들이 성경을 멀리하고 있다. 즉 우리는 성경을 받들기는 해도 이해하려고 하지 않는다. 프랑스의 철학자 볼테르

(1694~1778)도 "성경은 받들어지기는 하지만 읽히는 일은 드물다."고 말했을 정도다. 이러한 경향은 인류에게 크나큰 손실이 아닐 수 없다.

이런 탓인지 성경은 인류가 이제까지 가장 많이 발행한 책임에도 불구하고 좋은 문장으로 다듬어지거나 보기 좋게 만들어지지 못했다. 대개는 2단으로 짜여 있는데다가 여러 가지 숫자가 마치 카탈로그처럼 나열되어 있고 시, 이야깃거리, 교훈들이 한데 뒤엉켜서 선뜻 읽고 싶은 마음이 내키지 않는 것이 현실이다.

성경을 제대로 이해하려면 그 시대 사람들의 생활양식, 그 시대의 상황과 역사를 알아야 한다. 그러지 않고는 성경의 내용이 이해하기 어렵고 황당하게 느껴질 수도 있다. 예컨대 오늘날 자동차로 꽉 막힌 도로 상황을 영어로 "Traffic is heavy."라고 하는데, 만약 구약성경 시대의 사람들이 이 말을 듣는다면 짐을 잔뜩 실은 마차가 길을 가고 있는 모습을 떠올릴 것이다. 이처럼 현대의 감각으로 섣불리 과거를 상상하면 터무니없이 빗나가는 경우가 생긴다.

더욱이 사람들은 성경의 종교적 위상에 압도되어 그 내용을 이해하려 하기보다 무조건 믿으려는 경향이 있다. 본래 성경은 영어나 그리스어로 쓰인 것이 아니라 95%는 히브리어로, 나머지 5%는 아람어[그리스도가 말한 히브리어의 방언(方言)]로 쓰였기에, 오늘날 출판되고 있는 각국어판 성경 중에는 오역(誤譯)이 적지 않다.

유대인들은 고전을 가리켜 "꼭 읽어야 한다고 생각하면서도 잘 읽히지 않는 것"이라고 정의한다. 또, "번역된 책을 읽는 것은 새로 맞이한 아내에게 베일을 통해 키스하는 것과 같다."고 말하기도 한다.

그러나 히브리어를 모르는 대부분의 민족은 번역된 성경을 읽을 수밖에 없다. 또, 성경 번역은 각국어의 발전에 큰 영향을 끼쳤다. 예를 들어 독일인들은 루터가 번역한 독일어 성경으로 신앙심을 키울 수 있었고, 이는 문학적으로도 독일어의 발전에 밑거름이 되었다. 마찬가지로 1611년 영국에서 번역된 영어판 성경은 영국 문학에 큰 영향을 미쳤다. 지금까지 성경은 1천 가지 이상의 언어나 방언으로 번역되었고, 지난 100년 동안 약 2억 권 이상이 출판되었다.

우리는 성경을 통해 희로애락의 감정, 살아가는 목적, 이웃과의 관계 등을 이해할 수 있으며, 사회적·정치적·경제적인 인간 생활의 지혜도 배울 수 있다. 성경은 매우 압축된 문장으로 쓰여 있다. 그래서 요셉에 관한 기록은 겨우 10쪽에 불과한데, 토마스 만은 이 10쪽을 바탕으로 6권의 책을 썼다.

성경은 가지고 다닐 수 있는 조국

성경을 누가 썼는지는 확실치 않다. 당시 유대 사회에서는 집필자 스스로 이름을 밝히는 것을 꺼려했기 때문이다. 성경은 한 권의 책이 아니라 36권으로 된 고대 선집(選集)이다. 편역자 주 개신교는 구약성경을 39권으로 분류한다.

그 가운데 한 권만 살펴보아도 600쪽에 달하는 색인을 만들 만큼 방대한 양이다. 미국 국회도서관에는 구약성경의 1장에 관해 평균 300장의 색인 카드가 있다. 거기에는 시(詩)가 있고 법률·역사·철학·음악·연극·격언·수수께끼·편지·일기 등 모든 면에 걸쳐 설명이 나와 있다. 예를 들어 제1장에서는 유대인에 관한 언급 없이 인류의 기원에 대해서만 설명하고 있다. 우리나라에서는 일반적으로 '아담'이라는 이름을 가진 인간의 이야기처럼 알려져 있으나, 사실 '아담'은 히브리어로 '인간'이라는 뜻이다.

성경은 한 번에 만들어진 것이 아니다. 완성되기까지 1천 년 이상의 세월이 걸렸고 100명 이상의 저자가 참여했다. 그 가운데에는 성직자도 있었고 예언자도 있었으며 혁명가도 있었다. 은둔 생활을 해 온 사람도 있었고, 싸움터의 용사도 있었고, 번성하던 도시에 살던 사람도, 외딴 시골에 살던 사람도 있었다. 그러나 어느 누구든 성경을 쓴 사람들은 하나님을 찬양한다는 하나의 공통된 동기를 가지고 있었다.

회교도는 유대인을 '책의 민족'이라 부른다. 유대인들이 흩어져 살게 된 뒤 성경은 '가지고 다니는 조국'이 되었다. 유대교의 랍비들이 성경을 유대인들에게 가르치고 전수(傳授)해 왔는데, 그들은 성경을 '무한한 지혜를 풍부

하게 채워 넣은 책'으로서 한 구절 한 마디에 위대한 진리가 숨겨져 있다고 믿기 때문이다. 그래서 참으로 주의 깊게 공부해 왔다. 편역자 주 보통 국가의 3대 요소는 국토, 국민 그리고 주권이다. 그런데 유대인은 기원전 70년에 로마의 침공으로 국토와 주권을 빼앗기고 전 세계로 흩어져 돌아다녔다. 1948년 이스라엘이란 나라가 세워질 때까지 2천여 년간 조국이 없었던 민족이다. 그런데도 유대인이 사상적으로 하나가 되어 살아남은 이유는 무엇인가? 그들에게 국토와 주권보다도 더 강한 조국, 성경이 있었기 때문이다. 그래서 그들은 성경을 "가지고 다니는 조국"이라고 말한다. 이것은 무엇을 뜻하는가? 유대인의 우수성은 눈에 보이는 국토와 주권보다도, 눈에 보이지 않는 사상적 가치(신본주의)를 더 중요하게 여기는 데 있다는 것이다.

하지만 성경은 지성만으로는 연구가 되지 않는다. 왜냐하면 성경은 다른 책처럼 단지 읽기만 하면 되는 책이 아니기 때문이다. 성경을 읽을 때는 진리를 연구하려는 정열과 애정을 지니지 않으면 안 된다.

기적

  성경은 종교적인 책이지 과학적인 책이 아니다. 즉 과학적인 설명은 거의 없다. 그래서 유대인들은 흔히 성경을 옛날이야기를 수록한 책이라고 말한다.

  어느 유대인 아이가 학교에서 집으로 돌아오자 아버지가 물었다.

  "오늘은 학교에서 무엇을 배웠니?"

  "오늘은 모세가 이집트에서 노예가 된 이스라엘 사람들을 구원하는 이야기를 배웠습니다."

  이어 아이는 득의양양해서 "모세가 이스라엘 민족을 이끌고 사막으로 도망쳐 오자, 이집트의 군대가 쫓아와 마침내 홍해 기슭에 이르러 이집트 군대에게 붙잡히게 되었습니다."라고 말한다.

  아버지가 "그 다음에는 어떻게 되었지?" 하고 물으니, 아이는 "모세가 미국의 공병대를 불러 홍해 위에 다리를 놓고 이스라엘 사람들이 건너간 뒤에 그 다리를 폭파해버렸으므로 이집트 군대는 더 이상 쫓아올 수 없었습니다."

라고 말했다.

깜짝 놀란 아버지가 "선생님이 정말 그렇게 말하더냐?" 하고 묻자, 아이는 "선생님이 해주신 바보스러운 이야기를 그대로 말씀드리면 아버지도 믿지 않으실 겁니다."라고 해서 웃었다는 이야기가 있다.

선생님이 말씀하신 바보스러운 이야기란, 바다가 둘로 갈라지고 그 사이를 이스라엘 사람들이 건너간 뒤 다시 바다가 바닷물로 메워졌다는 이야기다. 이는 성경의 기적이지 결코 옛날이야기가 아니다. **편역자 주** 이는 유대인이 400년간 이집트의 노예로 있다가 모세의 인도로 탈출한 사건에 관한 이야기다(출애굽기 14장 15-31절 참조). 이집트의 군대가 이스라엘 민족을 추격하여 모두 죽이려 했을 때 홍해가 앞을 가려 더 이상 나아갈 수가 없었다. 그때 하나님이 기적적으로 홍해를 가르고 길을 내주셔서 이스라엘 백성은 모두 홍해를 건널 수 있었다. 하나님은 그들이 건너자마자 다시 갈라졌던 홍해에 물을 채워 뒤따라오던 이집트 군대를 모두 바닷물에 빠뜨려 죽게 하셨다. 유대인 소년은 이 사건을 아버지에게서 배워 알기에 선생님의 설명이 바보스런 이야기라고 했다. 독자들은 여기에서 유대인 아버지의 '질문식 IQ교육'에 주목하기 바란다.*

그러나 성경을 기적에 관한 책이라고 보는 것은 기독교인들의 시각일 뿐, 유대인들은 기적을 믿지 않는다. 유대인은 합리주의자다.

 기독교에서 말하는 기적이란 있을 수 없는 일이 일어나는 것이나, 유대인들에게 기적은 있을 수 있는 일이 일어나는 것을 말한다. 즉 별로 자주 일어나지 않는 일이 일어나면 기적인 것이다. 펜을 떨어뜨렸을 때 펜이 위로 올라가면 그것은 기독교인들이 말하는 기적이며, 밑으로 떨어지면 유대인이 말하는 기적인 것이다.

 그렇다면 어째서 홍해가 둘로 갈라졌을까. 그것은 100년에 한 번쯤, 몹시 더운 날에 홍해에 일어나는 현상으로, 지중해로부터 강한 바람이 불면 홍해에서도 별로 깊지 않은 부분에 사람이 건너갈 수 있을 정도의 시간만큼 썰물이 된다. 나폴레옹도 모세와 마찬가지로 바다가 갈라졌을 때 홍해를 건넜다고 한다.

 즉 유대인에게 기적이란 그런 일이 꼭 필요할 때 일어

---

* 자세한 IQ교육 방법은 《유대인 아버지의 4차원 영재교육》(현용수, 동아일보, 2006), 제3부 '노벨상 30%의 비밀, 유대인의 4차원 영재교육' 참조.

난다는 것이다. 그래서 구약성경 중에서 과학적으로 입증할 수 없는 기적은 하나도 없다고 말한다.

[LA타임스 현용수 교수
  특집 보도]

Los Angeles Times

SATURDAY, JULY 13, 2002   Religion

'We have to learn the secrets of the Jews.'
The Rev. Yong-Soo Hyun

The Rev. Yong-Soo Hyun, left, who has immersed himself in the study of Orthodox Judaism, meets with Rabbi Yitzchok Adlerstein at a Shabbat meal.

Taking a Cue From Jews' Survival

Culture: Minister studies Orthodox Judaism to teach Korean Americans how to educate children, help churches thrive.

By TERESA WATANABE
TIMES STAFF WRITER

The Rev. Yong-Soo Hyun says God called him to abandon a well-paying engineering career 32 years ago in favor of Christian ministry.

So what is he doing shepherding a group of Korean visitors around Southern California to attend a Shabbat dinner, an Orthodox Jewish temple and a lecture by a Jewish rabbi on how to keep children holy?

Hyun, 53, may be the biggest booster of traditional Jewish education in all of Korean America.

It is, he tells you, the antidote to the loss of cultural identity and religious grounding he sees in successive generations of Koreans here.

So the minister now writes books, conducts tours and has even opened the Shema Education Institute to teach Koreans the Jewish "secrets of survival."

"For Korean churches to survive in America, we have to successfully pass down the word of God from generation to generation, just as Jews have done since the time of Moses," said Hyun, a short, dynamic man with an easy grin. "We have to learn the secrets of the Jews."

Hyun, who immigrated to the United States in 1975 at age 28, says he sees several parallels between Koreas and Israel.

Both, he says, are small nations surrounded by large and sometimes menacing neighbors.

Both, he says, prospered when their people honored God and became imperiled when they did not. The Israeli captivity in Babylonia, he says, mirrors the Korean colonization by Japan.

His fascination with traditional Judaism was sparked 12 years ago, when he was a doctoral student at Biola University. He was studying the philosophy of Christian education and wrote a term paper comparing secular education with traditional Jewish education.

What struck him, he says, was the way Jewish education seemed to produce children who were intellectually excellent, honed through hours of Torah training and Socratic-style questioning, as well as religiously pious and morally grounded.

Traditional Jews also seemed to keep family ties strong, with fewer generation gaps than he says he found in his own community, and low divorce rates.

Persistence Pays Off

Trying to learn more about Jewish religious education, however, wasn't easy. He called the Orthodox Yeshiva University in Los Angeles but says he was told it was not open to non-Jews. He called again and was told the same thing. The third time, he said he began to argue with the rabbi on the other end:

"Why do you want to hide? God gave the Torah not just for you but also to shine for all nations. If you teach me the secrets of survival, how to keep your children holy, I will teach this to the Koreans. This will be good for you and good for God!" Hyun said he told the rabbi.

There was a pause. Then the rabbi gave him the name and number of Rabbi Yitzchok Adlerstein, a professor of Jewish law at Loyola University and prominent member of the Orthodox community known for reaching out to non-Jews.

Hyun called Adlerstein, who immediately invited him to his home for Shabbat dinner. Even better, Hyun and Adlerstein agreed to guide his research into Jewish education.

"He allowed me to attend his Talmudic teachings," Hyun said. "He invited me to all of the ritual meals—the Passover Seder, Sukkot, Rosh Hashana. I asked so many questions and he answered them all."

The Shabbat meal, in particular, left a lasting impression, Hyun says. He was moved by the way the family sang a ritual song of praise to Adlerstein's wife—a contrast, he says, with an old Korean saying that the "three dumb things" a man must not do are praise his wife, his children or himself. He was touched by the way Adlerstein blessed each of his children.

And he was impressed at the way Adlerstein taught his children the Torah, quizzing them on passages, never spoon-feeding answers but asking more questions to stimulate their critical thinking skills and creative intellects.

For his part, Adlerstein said he initially thought the idea of a Korean Christian minister wanting to learn about Orthodox Judaism seemed "a little odd."

Although traditional Jews don't believe Judaism was meant for the world—they do not proselytize and often discourage would-be converts—Adlerstein was willing to guide Hyun.

"Our attitude generally as a community is that when you're enthusiastic about God and his teachings, you have a gift that you want to share with any well-intentioned person," he said.

Armed with his experiences, Hyun was ready to try the techniques on his four sons at home. He announced that, like Adlerstein, he would no longer allow them to watch TV. Instead, three evenings a week he would teach them the Bible.

The reaction? "They rejected it all," Hyun said, laughing.

After too many nights of arguments, Hyun got them interested in Bible studies by asking them to take turns preaching. But more than the intellectual training, Hyun said, it was his mimicry of Jewish expression of family love that seemed to bring the most dramatic results.

Praise for His Wife

For the first time, Hyun says, he began praising his wife as he had seen his Jewish mentor do. He took her to Malibu at night, and strolled around the waterfront. He began washing the dishes and taking his wife on his travels. Before, he said, their marriage was characterized by "no romance—just orders" to her from him.

For the first time, he gathered his sons around to bless them. He asked God to bless them with wisdom, prosperity, leadership and the light of the gospel. "I cried, and they cried," he said.

From then on, he says, his family life dramatically improved. "Judaism showed me patience and how to lead children by wisdom and not authoritarianism. Now our family friendship has recovered."

Eager to share his experiences with other Koreans, Hyun has written a book on Jewish religious education that has sold more than 120,000 copies.

Hyun writes that Jewish fathers develop a child's IQ through Talmudic teachings, while mothers nurture their "EQ," or emotional quotient, with their maternal love—a thesis Adlerstein himself rejects in favor of viewing both parents as responsible for nurturing both aspects.

Experiencing Judaism

Hyun also figures he's reached 300,000 other Koreans in lectures on Jewish education at various seminars and conferences around the world.

And he says he has brought at least 150 people to Los Angeles to experience traditional Judaism firsthand in visits to synagogues and Friday night Shabbat dinners.

During one recent tour, Hyun led a group into the Beth Jacob congregation on Olympic Boulevard, wearing a traditional Korean jacket and a Jewish yarmulke.

After Sabbath prayers, Rabbi Shimon Kraft fielded a stream of lively questions: Why do you wear a head covering? Why do you wear a beard? Why kiss the door? Why do men shake when they pray? Why do you have two pulpits? Do you evangelize?

Finally, someone asked: "We've learned about Jews, but what do you think about Koreans?"

Kraft gave the crowd a broad smile.

"They are bright, hard-working, studious—just like Jewish people," he said. "We seem to share a lot of the same values."

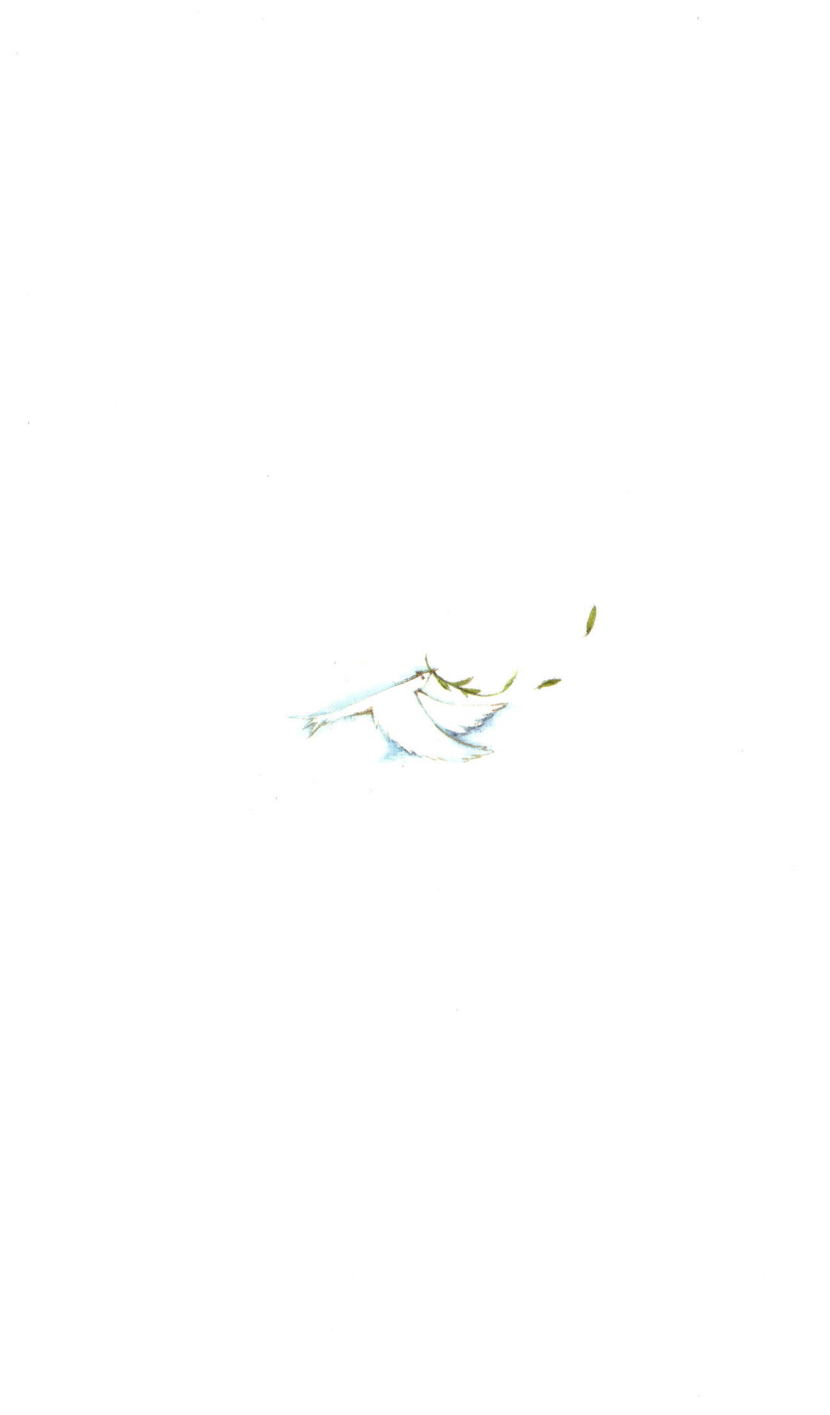

성경의 맛
Talmud

창세기

둘째 날

하나님이 가라사대 "물 가운데 궁창이 있어 물과 물로 나뉘게 하리라." 하시고 하나님이 궁창을 만드사 궁창 아래의 물과 궁창 위의 물로 나뉘게 하시매 그대로 되니라. 하나님이 궁창을 하늘이라 칭하시니라 저녁이 되며 아침이 되니 이는 둘째 날이니라. (창세기 제1장 제6-8절)

하나님이 가라사대 "땅은 풀과 씨 맺는 채소와 각기 종류대로 씨 가진 열매 맺는 과목을 내라." 하시매 그대로 되었도다. (창세기 제1장 제11절)

성경에 의하면 하나님은 식물을 만드실 때 맨 처음에 씨앗을 만드셨다. 그 씨앗은 하나하나가 모두 달랐다. 유대인은 이것이 다른 씨앗끼리 교배(交配)해서는 안 된다는 교훈이라고 해석한다. 인간은 물론 수간(獸姦)을 해서는 안 되며, 양이나 소에 대해서도 마찬가지다.

유대인은 이 세상을 하나님이 만드셨다고 생각하므로 하나님의 전지전능하심을 뼈저리게 느끼고 있다. 하나님은 물에 사는 물고기에는 아가미를 주시고, 육지에 사는 동물에게는 폐(肺)를 주셨다. 이것이 뒤바뀐다면 이 세상은 무너져버린다. 이만큼 훌륭한 세상을 만들었다는 것이 곧 하나님이 위대하다는 증거라고 믿고 있다.

따라서 하나님이 만든 모든 것은 모두가 제 나름대로의 목적을 지니고 있다. 그렇다면 "하나님이 왜 독초를 만드셨을까?"라고 의문을 가질 수 있다. 그러나 독초도 산소를 뿜어내어 생물의 호흡을 돕는다. 이처럼 생물은 하나의 바퀴처럼 관계를 맺고 있다. 이것이 '생태학'(ecology)인 것이다. 독초는 인간에게 독이 될지 모르지만, 다른 생물에게는 도움이 될 수 있다. 요컨대 하나님은 모든 것에 제 나름대로의 목적을 부여하신 것이다.

창세기에서는 하루가 끝날 때마다 "하나님이 보시기에

좋았더라."라고 쓰여 있다. 하지만 둘째 날만은 그 말을 하시지 않았다. 그것은 그날, 하나님이 육지와 바다를 나누셨는데 하루에 완성을 보지 못하고 그 다음 날까지 넘기셨기 때문이다. 이런 일에서 연유하여 유대인들은 어떤 한 가지 일이 완성되거나 끝날 때까지는 절대로 '좋다'라고 해서는 안 되는 것으로 알고 있다.

나에게도 다음과 같은 어렸을 때의 추억이 있다.

어느 날 학교에서 돌아와 숙제를 끝내지 못한 채 놀고 있는데 아버지께서 "숙제를 모두 끝냈니?"라고 물으셨다. 나는 다 마치지는 않았지만 "거의 다 했습니다."라고 대답했다. 그러자 아버지께서 이 창세기 이야기를 하시며 "다 끝나기 전에는 좋다고 할 수 없는 거란다."라고 말씀하셨다.

이에 대한 유대인의 또 다른 해석이 있다. 하나님은 이틀째에 하늘 위의 물과 하늘 아래 물을 갈라놓으셨다. 이것은 세상을 위해 필요한 일이지만, 갈라놓는다는 행위 자체는 부정적이다. 예를 들어 가정을 갈라놓는다, 나라를 갈라놓는다고 하면 그것은 분열을 뜻한다. 설령 분열이 필요하다 해도 바람직하지 않은 측면이 있으므로, 하나님께서도 "보시기에

좋았더라."라고는 하지 않으셨던 것이다.

이 이야기는 부부, 친구, 국가, 민족처럼 꼭 갈라놓지 않아야 좋은 것, 또 마땅히 함께 있어야 하는 것이 갈라졌을 때, 그 슬픔이 얼마나 큰가를 생각하게 한다.

그런데 두 번째 랍비가 이러한 해석은 잘못되었다고 주장했다. 하나님은 첫째 날에도 빛을 만드시고 빛과 어두움을 갈라놓으셨다. 그런데도 첫째 날에 "보시기에 좋았더라."라고 쓰여 있지 않은가.

이에 대해 또 다른 랍비가 말했다. 빛과 어둠은 전혀 이질적인 것이므로 갈라놓는 것이 당연하다. 이튿째에는 물이라는 동질(同質)의 것을 하늘과 땅에 갈라놓으셨으므로 설령 필요한 일이긴 해도 "보시기에 좋았더라."라고는 말씀하시지 않았다는 것이다.

그러자 다음 랍비가 물었다.

"태양은 낮에 빛나고, 밤에는 달이 빛을 던진다. 그리고 태양은 절대로 밤에 볼 수 없지만 달은 가끔 낮에도 모습을 나타내는데 그것은 어째서인가?"

여기서 많은 논쟁이 벌어졌다. 태양과 달이 만들어졌을

때, 달이 하나님에게 "한 부엌에 2명의 요리사가 있을 수 없는 것처럼 한 세상에 2개의 위대한 빛이 있을 수는 없습니다."라고 말했다. 하나님은 "달이여, 너는 나의 지혜를 의심하고 있다."고 하시며 별로 달을 작게 하시고 달빛을 약하게 하셨다.

그러자 달이 하나님에게, "하나님의 위대한 지혜를 의심하려 한 것은 나빴지만 제 말씀도 일리는 있지 않을까요?"라고 했다. 하나님은 "확실히 너의 말에도 일리가 있다. 나는 그런 식으로 이 세상을 만들었지만, 보충하기 위해 태양은 네가 빛을 내는 밤에는 나타날 수 없지만 너는 낮에도 얼굴을 내밀 수 있게 해주겠다."고 말씀하셨다.

이렇게 태양과 달이 교대되는 것을 기준으로 유대인은 요즘처럼 달력이 있는 시대가 아니었음에도 불구하고 매달 또는 매일의 날짜를 계산할 수 있었다. 이러한 복잡한 날짜 계산 방법들은 오랫동안 유대인 어린이들의 두뇌를 발전시키는 두뇌 체조로 이용되어오고 있다.

큰 빛과 작은 빛

하나님이 두 큰 광명을 만드사 큰 광명으로 낮을 주관하게 하시고 작은 광명으로 밤을 주관하게 하시며, 또 별들을 만드시고 하나님이 그것들을 하늘의 궁창에 두어 땅에 비취게 하시며 주야를 주관하게 하시며 빛과 어두움을 나뉘게 하시니라. 하나님의 보시기에 좋았더라. 저녁이 되며 아침이 되니 이는 넷째 날이니라. (창세기 제1장 제16-19절)

구약성경은 창세기로부터 시작된다. 제1장 제1절에 "태초에 하나님이 천지를 창조하시니라."라고 쓰여 있는 것처럼 하나님은 엿새에 걸쳐 이 세상을 창조하셨다. 따라서 마땅히 태양이 언제 창조되고 달이 언제 창조되었는가 하는 이야기가 나오지 않으면 안 된다. 그런데 첫 쪽에는 "큰 광명으로 낮을 주관하게 하시고 작은 광명으로 밤을 주관하게 하시며"라고만 쓰여 있을 뿐, '태양'과 '달'이라는 말은 쓰여 있지 않다.

이것은 어째서인가? 유대교는 유일신교(唯一神敎)인데, 다른 민족, 예를 들어 이집트 인 등은 태양신을 믿었으므로 태양이나 달은 유일신의 경쟁 상대였다. 그래서 '큰 광명'이라는 말로 '태양'을, '작은 광명'이란 말로 '달'을 나타내려고 했던 것이다.

타닌

하나님이 가라사대, "물들은 생물로 번성케 하라. 땅위 하늘의 궁창에는 새가 날으라." 하시고 하나님이 큰 물고기와 물에서 번성하여 움직이는 모든 생물을 그 종류대로, 날개 있는 모든 새를 그 종류대로 창조하시니. 하나님의 보시기에 좋았더라. (창세기 제1장 제20-21절)

  창세기를 보면 흥미롭게도 간단한 생명에서 복잡한 생명으로 진화론적인 순서에 따라 창조된다. 더구나 동물이라도 닭, 고양이, 개, 사자 같은 구체적인 이름은 나오지 않는다. 단, 한 가지 예외라면 이 절에 나오는 '큰 물고기'라는 말이다. 이것을 번역할 때 구체적인 이름으로 옮길 수는 없으나, 히브리어로 '타닌'이라고 하면 터무니없이 크고 무서운 동물을 가리킨다. 이를 영어로 고래라고 번역하는 것은 분명히 잘못된 것이다. 그렇다고 '큰 물고기'라는 표현도 애매하다.

그런데 다른 생물들은 구체적인 이름이 나와 있지 않은데, 왜 '타닌'이라는 생물만은 이름이 거론되는 것일까? 홍콩의 축제일에 용을 모시는 것처럼 각 민족마다 가장 큰 동물을 숭배하는 관습이 있다. 성경 가운데 '타닌'이란 말이 자주 나오는 것으로 보아, 그 당시에는 이처럼 터무니없이 큰 생물을 신성시했는지도 모른다.

창세기에서 인간은 맨 마지막에 창조되었다. 이 교훈은 모기조차도 인간보다 먼저 생명(삶)을 받았음을 깨닫게 하여 인간의 교만함을 경계하려는 것이다. 아담은 진흙으로 만들어졌지만 이 세상 방방곡곡의 가지가지 빛깔의 흙으로 빚어졌다. 앞서 말한 바와 같이 '아담'이라는 말은 히브리어로 '인간'이라는 뜻인 동시에 '흙'이라는 뜻도 있다. 이는 인간이 지구상의 똑같은 흙으로 만들어진 이상, 어느 민족이 다른 민족보다 우수하다는 따위의 차별은 있을 수 없음을 말해준다.

낙관주의

하나님이 그들에게 복을 주어 가라사대, "생육하고 번성하여 여러 바닷물에 충만하라. 새들도 땅에 번성하라." 하시니라. 저녁이 되며 아침이 되니 이는 다섯째 날이니라. (창세기 제1장 제22-23절)

하나님으로부터 "생육하고 번성하라."는 가르침을 받은 유대인들이 맨 처음 해야 할 일은 결혼해서 아이를 낳고 좋은 가정을 만드는 것이었다. 유대인들의 낙관주의는 창세기에 뿌리박고 있다. 세계는 하나님이 다섯 차례에 걸쳐 "보시기에 좋았더라."라는 모양으로 창조되었다. 따라서 세계는 모두 우리 인간에게는 좋은 것이며, 절대적인 악은 있을 수 없다는 사상을 바탕으로 한다.

하나님을 닮는다

하나님이 가라사대 "우리의 형상을 따라 우리의 모양대로 우리가 사람을 만들고 그로 바다의 고기와 공중의 새와 육축과 온 땅과 땅에 기는 모든 것을 다스리게 하자." 하시고, 하나님이 자기 형상, 곧 하나님의 형상대로 사람을 창조하시되, 남자와 여자를 창조하시고…. (창세기 제1장 제26-27절)

창세기에 인간은 하나님을 본떠서 창조되었다고 쓰여 있지만, 이것은 인간의 몸이 시각적으로 하나님과 닮게 창조되었다는 것은 아니다. 유대인은 하나님이 몸을 가지고 있지 않다고 생각한다. 그러므로 인간의 정신·성격·마음이 하나님을 닮게 창조되었다는 것이다.

인간은 지상의 다른 모든 생물과 달리 독특하다. 예를 들어 우리는 과거의 일들을 기억했다가 배울 수가 있다. 하지만 닭은 역사를 갖고 있지 않다. 닭은 알에서 태어났을 때가 맨 처음이다. 사자는 어미 배 속에서 태어났을 때가 시초이며, 그 다음부터 여러 가지를 배우기 시작한다. 그러나 그 학습도 자신이 겪은 체험의 영역을 벗어나지 않는다. 더구나 미래를 예측하는 일 따위는 전혀 할 수 없다.

　인간은 역사적인 과거의 경험도 자신의 경험으로 가질 수 있을 뿐 아니라 미래를 예측할 수도 있다. 우리는 인간을 만물의 영장(靈長)이라고 하는데, 아마 이런 특징을 가리킬 것이다. 이 점이 가장 하나님을 닮았다.

육식

하나님이 가라사대 "내가 온 지면의 씨 맺는 모든 채소와 씨 가진 열매 맺는 모든 나무를 너희에게 주노니, 너희 식물(食物)이 되리라." (창세기 제1장 제29절)

이것은 잘못 번역된 것이다. 히브리어로는 "너희들은 이것 이외의 음식물을 먹어서는 안 된다."라고 되어 있다.

노아가 방주(方舟)에서 내린 뒤 하나님은 인간에게 채소뿐만 아니라 육식을 해도 괜찮다고 허락했다. 에덴 시대부터 노아의 홍수가 있기까지는 육식을 금했다가 이를 허락하신 까닭은, 육식을 금했다고 이 세상이 잘되어 나가지 않았기 때문일 것이다.

하나님은 육식을 금하는 방침을 바꾸었지만, 대신 조건을 붙이셨다. 고기에 피가 들어가서는 안 되며, 고기를 먹더라도 동물이나 생선을 반드시 죽인 뒤에 그 고기를 먹어야 한다는 것이다. 이것은 오늘날까지도 지켜지고 있다. 일부 민족은 살아 있는 동물에서 고기를 떼어내어 먹기도 하는데, 유대인은 탈무드에 나와 있는 것처럼 동물을 일격에 죽이고, 살에서 피를 완전히 빼내는 방법을 여전히 지키고 있다.

안식일

천지와 만물이 다 이루니라. 하나님의 지으시던 일이 일곱째 날이 이를 때에 마치니, 그 지으시던 일이 다하므로, 일곱째 날에 안식하시니라. 하나님이 일곱째 날을 복 주사 거룩하게 하셨으니, 이는 하나님이 그 창조하시며 만드시던 모든 일을 마치시고 이날에 안식하셨음이더라. (창세기 제2장 제1-3절)

성경에 의하면 하나님은 엿새 만에 이 세상을 만드시고, 마지막 하루를 쉬셨다. 하나님은 일곱째 날에 안식을 하셨다기보다 일곱째 날에 축복을 내리셨다. 그래서 일곱째 날이 성일(聖日=主日)이 되었다.

그때 하나님이 축복하신 것은 날(日=시간)이었다. 별도로 구체적인 장소나 존재하는 것을 축복한 것이 아니다. 유대인은 일곱째 날을 안식일로 정하고 하나님이 시간을 축복하신 것을 마음속에 새겨, 시간을 존중한다.

유대인들에게는 성지(聖地)가 따로 없다. 예루살렘도 기독교에서 생각하는 것과 같은 성지는 아니다. 유대인들에게는 시간이 가장 축복받은 것이기에 장소를 중시하지 않는다. 유대인은 휴대할 수 있는(portable) 민족이다. 왜냐하면 무엇이든지 가지고 다닐 수 있기 때문이다. 시간은 항상 자신과 함께 있다. 유대인들은 오랫동안 시간을 의식하며 살아왔기에 시간을 귀하게 여기는 습관이 박혀 있다.

일곱째 날에 쉬는 것은 의무다. 단지 일에 지쳐서, 또는 생활에 지쳐서 적당히 쉬는 게 아니라, 일곱째 날에는 의무적으로 쉬어야 한다. 고대에 다른 민족들은 이러한 안식일에 대한 개념이 없었다. 그래서 로마인이나 그리스인들은 안식일을 트집 잡아 유대인을 게으른 민족이라고 비난했다. 아마도 100년 전까지만 해도 하급 노동자나 노예들에게는 휴일이 따로 없었다. 이것은 세계적인 경향이었다.

그런데 유대인들에게 안식일이란 절대적으로 육체를 쉬게 하는 것뿐만 아니라, 정신의 안식을 취한다는 중요한 뜻이 포함되어 있다. 다른 사람들은 안식일이란 개념 없이 열심히 일하고, 식사하고, 술을 마시고 돌아다니는 등 바쁜 나날을 보낸다. 이것은 동물들의 생활과 조금도 다를 바 없다. 그러나 유대인은 다르다. 안식일에 유대인은 자신이 인간이며, 하나님을 본떠 창조된 존재임을 확인한다. 그리고 자신을 찾으려고 한다. **편역자 주** 자신을 찾으려고 한다는 말은 6일간의 세속 생활에서 부분적으로 잃어버렸던 '하나님의 형상'을 되찾으려 노력한다는 뜻이다. 즉 영성을 회복하는 날이 안식일이다.

이날 유대인은 정신을 닦고 착한 일을 함으로써 자신을 발전시키고자 한다. 물론 이날에는 가족과 함께 보낼 기회가 주어지고 또 하인이나 가축들도 쉴 수가 있다. '인간은 빵만으로 살 수 있는 것이 아니다' 라는 말에서 인간의 삶에는 일 이상의 것이 있음을 맛보게 된다.

유대인들의 격언에 "유대인이 오랫동안 안식일을 지켜 온 것이 아니라 안식일이 오랫동안 유대인을 지켜 왔다." 라는 말이 있다. 만일 유대인이 안식일을 잊어버렸다면, 유대인은 자기 자신을 수양하지도, 오늘날과 같은 발전을 이루지도 못했을 것이다.

'7' 이라는 숫자

여호와 하나님이 천지를 창조하신 때에 천지의 창조된 대략이 이러하니라. (창세기 제2장 제4절)

성경에서는 이 구절이 '창세기' 제2장의 제4절로 되어 있지만 히브리어 원전에는 여기까지가 제1장으로 되어 있다. 이것은 기독교가 자신들 나름대로 원전을 잘라서 영어판을 만들고, 다른 나라의 성경들도 영어판을 바탕으로 번역되었기 때문이다.

히브리어 원전에는 창세기 제1장 전체가 7개의 단락(paragraph)으로 되어 있다. 제1장 첫 단락은 일곱 단어로 구성되어 있다. 영어판에서는 그것을 세분(細分)하여 구절로 만들어놓고 있다.

그런데 히브리어 원전 제1장 가운데는 '하나님'이라는 말이 서른다섯 번(7의 5배) 나온다(영어판과 한국어판은 서른한 번). 또, '하늘'이란 말도 스물한 번(7의 3배), '땅'이란 말도 스물한 번 나온다. 첫째 날에는 '빛'과 '낮'이라는 말이 일곱 번 나온다. '욤'이란 말은 히브리어로 '날'을 가리키는데, 본래의 성경에서는 '낮'과 '첫째 날'의 '날'을 '욤'으로 표기했다. 그것을 모두 합치면 일곱 번이 된다. 그리고 "하나님의 보시기에 좋았더라."라는 말도 일곱 번 나온다. 제1장의 4, 10, 12, 18, 21, 25, 31의 각 절이다.

유대인은 화요일을 가장 운이 좋은 날로 믿고 있다. 그것은 성경에서 셋째 날에 "하나님의 보시기에 좋았더라."라는 말을 두 번 되풀이하고 있기 때문이다. 옛날의 랍비들은 셋째 날에 "보시기에 좋았더라."를 두 번 되풀이해서 말

한 이유를 다음과 같이 이해했다.

둘째 날에 창조된 것은 아직 완성되지 않았었다. 셋째 날이 되어서야 완성되었으므로 셋째 날에 "하나님이 보시기에 좋았더라."라고 말씀하셨다는 것이다. 셋째 날에 하나님이 창조하기 시작한 것은 셋째 날이 끝나기 전에 완성되었으므로, 셋째 날에 다시 "하나님이 보시기에 좋았더라."라고 말했던 것이다.

이 둘째 날과 셋째 날에 물과 땅이 나뉘는데, 이 가운데 '물'이라는 말이 일곱 번 나온다. 또, 다섯째 날과 여섯째 날에 동물이 만들어지는데, 여기에서도 히브리어로는 동물이나 생물을 뜻하는 '하이'라는 말이 일곱 번 나온다. 이 '하이'는 '생물'이란 뜻만이 아니라 '생명'이라는 뜻도 지니고 있으므로, 이 말을 일곱 번 되풀이함으로써 인간에게 생명의 존엄성을 강하게 인상 지어주었던 것이다.

이와 같이 성경의 세계에서 7이라는 숫자는 매우 중요한 의미가 있다. 그러므로 일곱째 날에 안식일이 오는 것은 이 세상에서 안식일이 가장 중요하다는 것을 나타낸다.

성경 시대에는 종이가 없었으므로 문자는 돌이나 진흙

에 새겼다. 이것은 아주 힘든 작업이어서 가능한 한 간략하게 쓰였지만, 그중에서도 일곱 번 또는 그 배가 되는 수만은 되풀이되고 있다는 사실이 사람들의 마음속에 매우 깊은 감명을 주었다.

'페레쉬트'라는 말로 시작되는 성경의 맨 처음 문장은 7개의 히브리어로 구성되며, 두 번째 문장은 14개의 말로 구성되고, 마지막 3개의 문장은 각각 7개의 말로 성립되어 있다. <mark>편역자 주</mark> 페레쉬트는 '처음'이라는 뜻이며 '창세기'란 단어로 쓰인다.

이처럼 살펴보건대 성경의 한 구절 한 구절은 제 나름대로 각각 중요하고 깊은 뜻을 품고 있음을 알게 될 것이다. 결코 우연하게 그런 문장이 돌에 새겨져 있었던 것은 아닌 것이다.

에덴동산

여호와 하나님이 그 사람을 이끌어, 에덴동산에 두사 그것을 다스리며 지키게 하시고, 여호와 하나님이 그 사람에게 명하여 가라사대 "동산 각종 나무의 실과는 네가 임의로 먹되, 선악을 알게 하는 나무의 실과는 먹지 말라. 네가 먹는 날에는 정녕 죽으리라." 하시니라.
(창세기 제2장 제15-17절)

    에덴동산 이야기는 단지 종교적인 의미에서가 아니라, 온 세계 사람들에게 가장 널리 알려져 있는 성경 이야기 중 하나이며, 문학적으로도 높이 평가되고 있다. 그 이유는 간결하고 알기 쉽게 쓰였음에도 불구하고 등장인물의 심적 변화가 섬세하게 묘사되어 있기 때문이다.

에덴동산 이야기에는 두 종류의 나무가 나온다. 하나는 생명의 나무이고, 다른 하나는 지식의 나무다. 생명의 나무는 매우 커서 에덴동산에 커다란 그늘을 만들고 있었다. 한편, 지식의 나무는 생명의 나무를 둘러싸고 있는 작은 나무다. 이것은 무엇을 뜻하는가? 지식의 나무를 지나지 않고는 생명의 나무를 만질 수 없음을 가르쳐준다. 지식의 나무란 선악을 알게 해주는 나무다.

성경은 이 세상의 본질이 선(善)이라고 가르친다. 그러나 현실적으로 세상에는 악도 존재한다. 그러므로 성경에 나오는 이야기는 비현실적이라고 할 수 있겠지만, 에덴동산 이야기는 이 세상에 어찌하여 악이 있게 되었는가를 설명해준다. 한마디로 악은 인간이 만들어낸 것임을 가르쳐주는 것이다. 하나님은 좋은 세상을 만들어 주셨지만 인간은 자유로운 의사를 가짐으로 해서 선을 부식(腐食)시키고 악을 낳게 되었다는 이야기다. **편역자 주** 하나님은 인간에게 자유의지를 주셨다.

에덴동산 이야기는 아담의 주위에 좋은 것만 있는 완전한 행복 상태에서 시작된다. 일하지 않아도 먹을 것은 늘

충분했고 아내인 이브를 사랑했으니 모든 것이 다 행복했다. 하지만 이야기의 후반부로 가면 아담과 이브는 부부싸움을 하며 서로 반목하고, 낙원에서 쫓겨나 먹을 것도, 살 곳도 없어진다. 그동안 아담과 이브에게 무슨 일이 일어났는가가 이야기의 핵심이다. 행복의 절정에서 불행의 구렁텅이로 떨어진 가장 큰 원인은 인간이 하나님에게 반항함으로써 악을 낳았다는 데 있다.

낙원 이야기는 유대인들의 전유물이 아니다. 아랍 세계에도 유토피아와 같은 낙원 이야기가 얼마든지 있다. 하지만 근본적으로 다른 점이 있다. 아랍의 이야기들 대부분은 어떻게 하면 영원한 생명을 얻고 낙원에서 살 수 있느냐에 초점이 맞추어져 있다. 예를 들어 어떤 물을 마시거나 어떤 과일을 먹으면 영원한 생명을 얻게 된다는 식이다. 반면 유대 이야기는 영원불멸한 생명이 아니라, 어떻게 하면 인간이 보다 나은 삶을 찾을 수 있는가를 주제로 삼고 있다.

이 이야기의 또 다른 주제는 인간이 하나님의 눈을 피할 수 없다는 사실이다. 즉 자기 자신을 속일 수는 있어도 하나님을 속일 수는 없다는 것이다. 여기서 뱀이 등장한다.

당시 아랍 세계에서는 수확을 가져다주는 하나님으로 뱀을 떠받들었다. 에덴동산 이야기에서 하나님은 아담과 이브와는 말을 하지만, 사람에게 악을 가르쳐준 뱀과는 대화를 나누지 않는다. 그런 것으로 보아 뱀은 하나님에게 완전히 무시당하는 존재다. 아랍식 이야기와는 상당히 취향이 다르다고 하겠다. 동시에 하나님과 인간은 교류할 수 있어도, 하나님과 동물 또는 인간과 동물은 격이 다르다는 것을 가르쳐주고 있다.

뿐만 아니라 이 이야기는 인간이 자유로운 존재임을 보여준다. 원한다면 인간은 자신들이 살고 있는 자연이나 하나님에게 반항할 수도 있다. 하지만 어디까지나 하나의 규율을 바탕으로 한 자유임은 말할 필요도 없다.

구약성경은 원래가 유대교의 것이지만 유대교는 인간이 보다 나은 생활을 영위하기 위해서 규율을 갖지 않으면 안 되며, 그 규율에 따라 생활해야 한다고 믿어 왔다. 인간은 하나님에게 반항하고 하나님을 저버릴 수는 있어도, 그 결과는 어디까지나 인간 자신이 책임을 지지 않으면 안 된다.

따라서 자유라는 것은 파멸을 가져올 수도 있고 동시에

인간에게 새로운 기회를 제공하기도 한다. 자유는 양날의 칼과 같다는 게 유대교의 해석이다. <편역자 주> 구약성경 창세기 제3장의 전반부까지 아담과 이브는 남자와 여자라는 명칭으로 나온다. 후반부 이브가 죄를 지은 이후에는 그녀의 이름이 하와로 바뀌었다.

여자

여호와 하나님이 가라사대, "사람의 독처하는 것이 좋지 못하니, 내가 그를 위하여 돕는 배필을 지으리라." 하시니라. 여호와 하나님이 흙으로 각종 들짐승과 공중의 각종 새를 지으시고, 아담이 어떻게 이름을 짓나 보시려고 그것들을 그에게로 이끌어 이르시니, 아담이 각 생물을 일컫는 바가 곧 그 이름이라. 아담이 모든 육축과 공중의 새와 들의 모든 짐승에게 이름을 주니라. 아담이 돕는 배필이 없으므로 여호와 하나님이 아담을 깊이 잠들게 하시니, 잠들매 그가 그 갈빗대 하나를 취하고 살로 대신 채우시고 여호와 하나님이 아담에게서 취하신 그 갈빗대로 여자를 만드시고 그를 아담에게로 이끌어 오시니, 아담이 가로되, "이는 내 뼈 중의 뼈요, 살

중의 살이라. 이것을 남자에게서 취하였은즉 여자라 칭하리라." 하니라. (창세기 제2장 제18-23절)

성경에 따르면 여자는 남자를 돕기 위해 만들어졌다. 히브리어로 '돕는다'는 뜻은 좋을 때나 나쁠 때나 돕는다는 것인데 동양에서도 같은 의미로 해석할 수 있을 것 같다. 이브는 남편을 돕는 사람으로 만들어졌다. 남편이 괴로움을 당하고 있을 때 아내가 돕지 않으면 결혼이 순조롭지 않게 됨을 강조하고 있다.

유대인에게 가장 안전한 성(城)은 가정이다. 남편이 실패했을 때 가장 좋은 휴식처도 가정이다. 가정이 모든 것의 단위가 된다. '돕는다'는 사고방식을 갖는 것이 인간의 기본이기 때문이다.

쫓겨난 아담과 이브

여호와 하나님의 지으신 들짐승 중에 뱀이 가장 간교하더라. 뱀이 여자에게 물어 가로되, "하나님이 참으로 너희더러 동산 모든 나무의 실과를 먹지 말라 하시더냐?" 여자가 뱀에게 말하되, "동산 나무의 실과를 우리가 먹을 수 있으나 동산 중앙에 있는 나무의 실과는 하나님의 말씀에 너희는 먹지도 말고 만지지도 말라. 너희가 죽을까 하노라 하셨느니라." 뱀이 여자에게 이르되 "너희가 결코 죽지 아니하리라. 너희가 그것을 먹는 날에는 너희 눈이 밝아 하나님과 같이 되어 선악을 알 줄을 하나님이 아심이니라." 여자가 그 나무를 본즉 먹음직도 하고 보암직도 하고 지혜롭게 할 만큼 탐스럽기도 한 나무인지라. 여자가 그 실과를 따 먹고 자기와 함께한 남편에게도 주매 그도 먹은지라. 이에 그들의 눈이 밝아 자기들의 몸이 벗은 줄을 알고 무화과나무 잎을 엮어 치마를 하였더라. 그들이 날이 서늘할 때에 동산에 거니시는 여호와 하나님의 음성을 듣고 아담과 그 아내가 여호와 하나님의 낯을 피하여 동산 나무 사이에 숨은지라. 여호와 하나님이 아담을 부르시며 그에게 이르시되 "네가 어디 있느냐?" (창세기 제3장 제1-9절)

      아담과 이브는 마침내 금단의 열매를 따 먹고 말았다. 아담이 죄를 범한 뒤 "여호와 하나님이 아담을 부르시며 그에게 이르시되, '네가 어디 있느냐?'"라고 했다. 이 점이 궁금하다. 인간이 죄를 지었는데 하나님은 즉각 인간에게 벌을 주시지 않고 "네가 어디 있느냐?" 하고 물은 이유는 무엇일까?

  아담과 이브가 나무 사이에 숨었을 때 하나님은 현상적(現象的)으로 두 사람이 어디에 있는지 알고 계셨다. "네가 어디 있느냐?"라는 말은 언뜻 무섭게 느껴지지만, 히브리어로는 매우 부드러운 울림을 지니고 있다. 하나님은 여기에서 인간으로서 "너는 어디 있는가?" 하고 도덕적인 뜻에서 물으신 것이다. 이것은 다만 아담과 이브에 대한 물음일 뿐 아니라, 바로 인간에 대한 하나님의 부르심인 것이다.

또 다른 의미는 유대인의 생활 습성에서 왔다. 유대인은 가까운 이웃을 방문할 때도 갑자기 뛰어드는 법이 없다. 반드시 노크를 하고 상대방이 준비할 시간을 준다. 설사 자신에게 어떤 나쁜 짓을 한 인간이라도 즉석에서 화를 내거나 야단치지 않고, 먼저 그 사람과 일상적인 대화를 나누어 상대에게 마음의 준비를 시킨다. 여기에는 갑작스럽게 무슨 일을 해서는 안 된다는 유대식 생활의 지혜가 작용한다.

성경에는 쓰여 있지 않으나 유대의 전설에 따르면 아담과 이브가 죄를 범한 직후에 태양이나 나무를 비롯하여 우주의 만물이 슬피 울었다고 한다. 그러나 달만은 울지 않고 웃었다. 그리하여 하나님은 벌을 주어 달에게 일정한 빛을 주지 않고 매달 새로 탄생하지 않으면 안 되게 만드셨다.

에덴동산 이야기는 인간의 가장 오래된 비극이며, 유혹과 유혹의 결과로 생긴 죄에 대해 말해주고 있다. 인간이

자기 의사로 하나님에게 반항한 결과 생긴 비극인 것이다. 이 이야기는 인생의 모든 면에 비추어 볼 수 있다. 그것은 누구나 자유의사를 가지고 있기 때문이다. 아담이 히브리어로 '인간'이라는 뜻이므로 이는 모든 인간에게 일어날 수 있는 이야기인 셈이다.

아담과 이브가 죄를 범한 뒤 해가 매일매일 짧아지자 두 사람은 세상의 종말이 오는 것이 아닐까 절망했다. 그러나 이는 곧 사계절 변화의 시작이었으며, 봄이 되자 다시 해가 길어졌다. 그래서 희망이 생긴 두 사람은 성대하게 잔치를 벌인다. 이것이 봄에 열리는 축제의 효시(嚆矢)가 되었다.

한 남자가 사랑하는 여자와 결혼했다. 그런데 어느 날 그가 여행을 떠나게 되었다. 여행을 떠나기 전에 그는 "이 집이나 이 집 안에 있는 모든 것이 당신의 것이오. 그러므로 당신에게 맡기고 가겠소. 단, 이 단지 속에는 위험한 것이 들어 있으니 그것을 만지거나 안을 들여다보아도 안 되오."라고 했다.

남편이 떠난 뒤 아내는 친구들에게 "내 남편은 매우 좋은 사람이어서 이 단지만 절대 열어 보지 말라고 하고, 나머지 이 집과 집 안에 있는 모든 것을 내게 맡겼다."고 자랑했다. 그러자 친구들은 "그런 바보 같은 말이 어디 있어. 아마도 그 단지 안에는 금화(金貨)가 가득 채워져 있어서 남편은 너를 쫓아낸 뒤 그 금화로 젊은 여자와 다시 결혼할 생각일 거야."라고 말했다.

듣고 보니 그럴듯한 말이라는 생각이 들어 아내는 단지의 뚜껑을 열고 그 안을 들여다보았다. 그러자 전갈이 튀어나와 그녀를 물었다. 남편은 집에 돌아와 아내가 자신을 믿지 않았다는 사실을 알고 크게 놀라고 낙담했다. 그 후로 그는 아내에게 계속 호감을 갖긴 했지만 그녀를 전적으로 믿을 수는 없었다고 한다.

이것은 에덴동산 이야기와 마찬가지다. 이브란 히브리어로 '땅 위에 있는 만물의 어머니'라는 뜻이다. 하나님은 아담과 이브를 낙원에서 추방할 때 아담에게 다음과 같이 말했다.

"네가 네 아내의 말을 듣고 내가 너더러 먹지 말라 한 나무 실과를 먹었은즉, 땅은 너로 인하여 저주를 받고 너는 종신토록 수고하여야 그 소산을 먹으리라." (창세기 제3장 제17절)

이것은 에덴동산 이야기 중에서도 가장 유명한 구절이어서 자주 인용되는데, 지식을 얻는 것보다 하나님에게 복종하는 것이 더 중요하다는 유대교의 가르침을 나타내고 있다.

인간은 사고력을 갖추고 태어난다. 머리는 당연히 써야 하지만 그 전에 하나님의 가르침이라는 규율을 지키지 않으면 안 된다. 유대인들에게는 "지식이 하나님에 대한 복종보다 강해졌을 때 인간은 싸우거나 서로 피를 흘린다."는 격언이 있다. 지식만 가지고 인간은 살아갈 수 없다는 것이다.

예컨대 나치 독일은 지식이 하나님이 정해준 규율보다 앞섰던 세계였다. 당시 독일은 생활 수준이나 지적 수준이 세계적으로 가장 앞선 나라였다. 그럼에도 불구하고 그런 악을 저지른 것은 지식이 앞서 있었기 때문이었다. 오늘날에도 이 세상에 에덴동산을 재현하려면 지식보다 먼저 하나님이 정해준 규율을 지켜야 할 것이다.

하나님이 인간에게 맨 처음에 명한 말은 창세기 제1장 제28절에 나오는 "하나님이 그들에게 복을 주시며 그들에게 이르시되, '생육하고 번성하여 땅에 충만하라. 땅을 정복하라.'"였다. 히브리어로 '땅을 정복하라'는 '여자를 따르게 하라'라는 뜻도 있다. 즉 남자가 여자보다 위에 있다는 해석이 가능하다. 이것도 하나님이 정해준 규율이다. 그러므로 여자가 지나치게 강해지면 에덴동산은 실현될 수 없다.

여성상위

여자가 그 나무를 본즉 먹음직도 하고 보암직도 하고 지혜롭게 할 만큼 탐스럽기도 한 나무인지라. 여자가 그 실과를 따 먹고 자기와 함께한 남편에게도 주매 그도 먹은지라. (창세기 제3장 제6절)

이브가 금단의 열매를 따 먹는 부분인데, 훗날 랍비들은 여자가 어떻게 이런 힘을 지니게 되었을까 의문이었다. 이브는 금단의 나무 열매를 따 먹는 죄를 범하고, 남편까지 먹도록 설득했다. 이에 대해 랍비들은 각자 3가지 해석을 내놓았다.

첫째, 가엾게도 아담은 이것이 흔히 있는 나무 열매에 지나지 않다는 이브의 말에 속아서 먹었을 것이다.

둘째, 아담은 이브가 눈물을 보이며 슬퍼했으므로 마음이 동하여 먹었을 것이다.

셋째, 아담은 이브에게 맞거나 발길로 차이면서 먹도록 강요당했을 것이다.

여기서 주목할 것은 세 번째 랍비의 해석에 대해 특별히 "웃으면서 의견을 말했다."고 기록되어 있는 점이다. 인간은 자신의 약점이나 실패를 어떻게 해서든지 얼버무리려고 엉터리 이유를 들어 남의 탓으로 돌리려고 한다. 흔히 랍비들은 농담을 하더라도 '웃었다'라고는 쓰지 않는데 유독 이 경우에만 분명히 웃었다고 기록되어 있다. 당신이라면 어느 랍비의 해석을 따르겠는가?

수치

이에 그들의 눈이 밝아 자기들의 몸이 벗은 줄을 알고 무화과나무 잎을 엮어 치마를 하였더라. (창세기 제3장 제7절)

성경은 아담과 이브가 부끄러움을 알게 되는 순간을 묘사하고 있다. 인간이 다른 동물과 구별되는 점은 직립(直立)해 있고, 생각하고, 말하고, 자유의사를 가지고 있고, 양심이 있고, 웃으며, 그리고 마지막으로 부끄러움을 알고 있다는 것이다. 인간은 부끄러움을 느끼는 유일한 생물이다.

랍비들은 부끄러움, 즉 수치에도 몇 가지 단계가 있다고 생각했다. 먼저 금단의 나무 열매를 따 먹은 뒤 아담은 이브에 대해, 이브는 아담에 대해 자신의 벌거벗은 모습을 부끄럽게 여겼다. 이것은 가장 낮은 차원의 수치다. 왜냐하면 다른 사람이 있기에 느끼는 부끄러움이기 때문이다. 그러나 랍비들은 차원 낮은 수치를 매우 중요하게 생각했다. 그것이 수치의 시작이며, 이 수치가 연마(研磨)되어 좀더 높은 차원의 수치를 느낄 수 있다고 생각했기 때문이다.

다음 단계는 자기 자신에 대해 느끼는 수치다. 즉 스스로를 삐뚤어진 인간이라든가, 거짓말쟁이라고 생각하는 등 자신의 내면을 향해 느끼는 수치다. 마지막으로 가장 높은 차원의 수치는 하나님에 대해 느끼는 수치다.

우리는 여기서 또 한 가지를 배울 수 있다. 아담과 이브는 금단의 나무 열매를 따 먹기 전까지 죄를 모르고 정신적으로 행복한 생활을 누렸다. 하지만 금단의 나무 열매를 먹고 의구심이나 두려움을 알게 되었고, 사물에 대해 생각하게 되었다. 어린이도 마찬가지다. 아기일 때는 순진해서 죄를 모르지만 성장할수록 악도 함께 배운다. 그리고 대부분의 사람들은 뻔히 알면서도 자신의 마음속에서 낙원을 추방해버린다.

성경은 무지(無知)가 정신적인 순진함과 행복을 가져다주지만, 사람이 배우기 시작하면서 정신적으로 동요된다는 것을 가르쳐주고 있다. 어린이가 순진하고 무지한 것은 허용되나, 인간이 성장하여 힘을 얻은 뒤에도 무지하다면 야만인이 되는 것이므로 매우 위험하다.

자녀는 누구의 것인가

아담이 그 아내 하와(이브)와 동침하매 하와가 잉태하여 가인을 낳고 이르되, "내가 여호와로 말미암아 득남하였다." 하니라. 그가 또 가인의 아우 아벨을 낳았는데 아벨은 양 치는 자이었고, 가인은 농사하는 자이었더라. 세월이 지난 후에 가인은 땅의 소산으로 제물을 삼아 여호와께 드렸고, 아벨은 자기도 양의 첫 새끼와 그 기름으로 드렸더니, 여호와께서 아벨과 그 제물은 열납하셨으나, 가인과 그 제물은 열납하지 아니하신지라. 가인이 심히 분하여 안색이 변하니, 여호와께서 가인에게 이르시되, "네가 분하여 함은 어찜이며, 안색이 변함은 어찜이뇨. 네가 선을 행하면 어찌 낯을 들지 못하겠느냐. 선을 행치 아니하면 죄가 문에 엎드리느니라. 죄의 소원은 네게 있으나, 너는 죄를 다스릴지니라." 가인이 그 아우 아벨에게 고하니라. 그 후 그들이 들에 있을 때에 가인이 그 아우 아벨을 쳐 죽이니라. 여호와께서 가인에게 이르시되, "네 아우 아벨이 어디 있느냐?" 그가 가로되 "내가 알지 못하나이다. 내가 내 아우를 지키는 자니이까?" 가라사대 "네가 무엇을 하였느냐. 네 아우의 핏 소리가 땅에서부터 내게 호소하느니라. 땅이 그 입을 벌려 네 손에서부터 네 아우의 피를 받았은즉 네가 땅에서 저주를 받으리니, 네가 밭을 갈아도 땅이 다시는 그 효력을 네게 주지 아니할 것이요, 너는 땅에서 피하며 유리하는 자가 되리라." 가인이 여호와께 고하되, "내 죄벌이 너무 중하여 견딜 수 없나이다. 주께서 오늘 이 지면에서 나를 쫓아내시온즉 내가 주의 낯을 뵈옵지 못하리니, 내가 땅에서 피하며 유리하는 자가 될지라. 무릇 나를 만나는 자가 나를 죽이겠나이다." 여호와께서 그에게 이르시되, "그렇지 않다, 가인을 죽이는 자는 벌을 칠 배나 받으리라." 하시고 가인에게 표를 주사 만나는 누구에게든지 죽임을 면케 하시니라. 가인

이 여호와의 앞을 떠나 나가 에덴 동편 놋 땅에 거하였더니…. (창세기 제4장 제1-16절)

아담과 하와의 아들 가인과 아벨은 연일 싸움이 그치질 않았다. 아담과 하와는 두 형제를 떨어뜨려 놓기 위해 각각 다른 직업을 갖게 했다. 그래서 가인은 농부가 되고 아벨은 양치기가 되었다.

어느 날 두 사람은 각각 하나님에게 바칠 제물을 가지고 왔다. 그런데 가인은 자신이 가지고 온 제물이 아벨보다 못하면 어쩌나 하고 마음속으로 걱정했다. 왜냐하면, 가인은 자신이 가진 것 중 가장 좋은 것이 아니라 가장 좋지 않은 것을 가지고 왔기 때문이었다.

아니나 다를까 하나님은 아벨이 바치는 제물은 기꺼이 받아들였으나, 가인의 제물은 받지 않으셨다. 이로 인해 두 형제 사이는 더욱 나빠졌다.

어느 날 두 사람은 더 이상 싸우지 말자며 재산을 나누기로 했다. 의논한 결과 가인은 세상의 모든 땅을 받고, 아벨은 땅 이외의 모든 것을 받았다. 하지만 이로 인해 두 사람 사이는 더욱 나빠졌다. 땅을 받은 가인은 아벨을 볼 때마다 "내 땅 위에 서지 마라. 이 땅은 내 것이야."라고 말했다. 그러면 아벨은 "그렇다면 당신의 옷을 돌려주시오. 당신은 땅밖에 가진 게 없으니 그 옷은 내 것이오."라고 따졌다. 그래서 다시 싸움이 시작되었다.

어느 날 아벨이 "형제지간에 싸우지 말자."고 화해를 청했다. 두 사람은 더 이상 싸우지 않기로 하고 헤어졌다. 하지만 돌아서는 순간 가인은 아벨에게 돌을 던졌다. 아벨은 그 돌을 맞고 죽었다.

가인이 하나님 앞에 오자, 하나님은 어째서 그런 끔찍한 일을 저질렀느냐고 물으셨다. 그러자 가인은 "우리 두 사람은 투기장에 들어온 투사와 같습니다. 이런 경우, 한쪽 투사는 반드시 죽게 마련입니다. 우리의 경우는 왕께서 두 사람의 투사에게 싸울 것을 명한 것입니다. 그러므로 두 사람을 싸우게 한 왕의 책임이 아닐까요? 왕은 언제라도 두 사람의 싸움을 중지시켜 목숨을 구할 수 있었습니다. 이것은 우리의 왕이신 하나님의 책임이 아닐까요?"라고 따졌다.

하나님은 그 말에 답하여 "가인이여, 너는 꼭두각시 인형이 아니다. 자유의사를 가지고 있다. 그러므로 네가 무엇을 하든지 나는 말리지 않는다. 그리고 네가 하는 일은 네 자신이 책임을 져야 한다."라고 말씀하셨다.

앞에 인용한 창세기 제4장을 다시 한 번 훑어보기로 하자. 가라사대 "네가 무엇을 하였느냐. 네 아우의 핏 소리가 땅에서부터 내게 호소하느니라."라고 되어 있다.

여기서 유대인들은 2가지 새로운 사실을 알게 되었다. 첫째, 인간은 입으로 외치지, 피가 외치는 일은 없다. 그런데 피 소리가 호소한다고 되어 있다. 또 하나는 히브리어로 '피'라는 단어가 복수형으로 쓰였다는 것이다. 히브리어에서도 '피'라는 단어를 복수형으로 쓰는 일은 드문데, 이 경우만 유독 복수형이다.

입이 외쳐야 할 것을 어째서 피가 외쳤을까? 왜 피의 복수형이 쓰였을까? 이에 대한 유대인들의 해석은 다음과 같다. 만일 아벨이 계속 살아 있었다면 몇천 년에 걸쳐 수많은 자식들, 손자들, 증손자들이 태어났을 터인데 아벨이 죽음으로써 태어나지 못한 이들이 외치고 있다는 의미라는 것이다. 그러므로 여기에는 누군가의 생명을 뺏는다면 한 사람을 죽이는 것이 아니라 장차 태어날 많은 인간을 죽이는 것과 같다는 가르침이 담겨 있다.

이제, 본론으로 돌아가자. 인간은 자신에 대해 책임을 져야 한다. 인간이 하나의 자율적인 존재임을 이처럼 강하게 규정짓는 경우는 매우 드물다. 또, 악은 인간이 만들어냈다는 점도 강조한다. 아벨과 가인은 하나님이 만들어낸 인간이 아니라, 인간으로부터 태어난 인간인 것이다.

여기서 두 형제가 제물을 가지고 왔다고 하는데, 하나님은 결코 제물을 가지고 오라고 명한 적이 없다. 성경에서는 제물을 바치는 일은 하나님이 요구하지 않아도 인간이 마땅히 해야 할 행위라고 설명하고 있다. 가끔 인간은 감정에 이끌려 하나님에게 가까이 가고 싶어진다. 그러나 인간은 아무리 선한 욕구라 하더라도 가인처럼 그것을 나쁜 쪽으로 이끌어가는 경우가 있다.

가인이 가져온 제물은 좋지 않은 것이었다. 게다가 가인의 성품은 옹졸하고 헌신적인 데가 없었다. 성경에서 신에 대한 가장 기본적인 단위는 개인이다. 즉 가족의 일원으로

서의 개인이 아니라, 개인을 하나의 단위로 생각한다. 하나님에게 제물을 바친다든가 하나님을 찬양하는 것은 곧 하나님을 경배하는 일이다. 가인은 제물을 가지고 오긴 했지만 마음속에서 우러나는 진정성이 없었다. 이 이야기는 하나님에 대해 바른 마음을 갖는 것이, 무엇(물질)을 바치는 것보다 중요하다는 사실을 말해준다.

그러나 좋은 일을 하려고 해도 나쁜 일이 생기는 수가 있다. 설사 형제지간이라도 둘 이상이면 규율이 있어야 살아갈 수 있다. 질투와 증오는 살인으로까지 발전하며 하나의 악이 다시 새로운 악을 낳는다.

여기에서도 아담과 이브 사건과 똑같은 일이 일어났다. 동생을 죽인 가인에게 여호와께서 묻는다.

"네 아우 아벨이 어디 있느냐?"

그러자 가인은 나중에 유명해진 말을 한다.

"내가 알지 못하나이다. 내가 내 아우를 지키는 자이니까?"

이 일로 가인은 영원히 땅 위를 방황해야 하는 벌을 받는다. 가인은 하나님께 자신이 동생을 지키는 사람이 아니라고 반발하지만, 하나님은 동생을 지키는 자이어야 한다고 말씀하신다. 인간은 모두 형제이며, 형제가 고통을 당하면 서로 도와야 한다. 보고도 모른 척하거나 거기에서 눈을 돌려서는 안 된다고 가르치고 있다. 또, 형제의 고통은 나의 고통이라고 가르진다.

'가인'이란 말은 히브리어로 '만든다'와 '소유한다'는 2가지 뜻이 있다. 아담과 이브가 가정을 꾸며서 가인과 아벨 형제를 낳았는데, 어째서 가인이라는 불량소년이 태어났을까? 아담과 이브 사이에 무언가 문제가 있어서 품성이 나쁜 아이가 생긴 것은 아닐까?

이에 대해 옛날 유대인들이 생각해낸 설명이 있다. 아담과 이브가 어떤 식으로 아이를 길렀는지는 알 수 없으나, '가인'이라는 이름을 지어준 것으로 보건대 이브는 어린 자식을 부모의 소유물로 생각했음이 분명하다. 내 소유물이니 자기 마음대로 만들 수 있다고 잘못 생각했을 것이다.

자식은 부모의 소유물이 아니다. 자식은 부모의 책임이다. 어버이는 자식이 훌륭한 인간으로 자라게끔 최선을 다해야 한다.

모든 인간과 사물은 하나님에게 속해 있지, 인간에게 속해 있는 것이 아니다. 그러므로 부모는 어린 자식의 파트너(보호자)이지 소유주가 아니다. 가인이 불량하게 된 근본 원인은 이브의 잘못된 사고방식에 있을 가능성이 크다.

　아벨을 죽였지만 가인은 사형을 당하지 않았다. 당시로서는 사람이 죽는다는 것 자체가 처음이었다. 기록된 바 아벨의 죽음이 최초였다. 가인은 아벨을 죽이려고 돌을 던진 것은 아니었다. 계획적인 살인이 아니었으므로 사형은 너무 가혹한 형벌이었을 것이다.

정의의 사람

여호와께서 사람의 죄악이 세상에 관영함과 그 마음의 생각의 모든 계획이 항상 악할 뿐임을 보시고…. (창세기 제6장 제5절)

세상이 혼란하고 죄악으로 가득 찼을 때, 하나님의 가르침을 완강하게 지키며 생활하는 사람이 있었다. 그가 노아다. 그래서 하나님은 조금도 때 묻지 않은 노아를 세계를 멸망시킬 대홍수로부터 지켜주기로 결심하셨다. 하나님은 노아에게 자신의 계획을 알리고 잣나무로 배를 만들어서 노아의 가족 외에 동물과 새와 땅 위를 기어 다니는 생물을 한 쌍씩 태우고 충분한 식량을 실으라고 명령했다.

노아가 모든 준비를 끝마쳤을 때, 대홍수가 땅 위를 덮쳐 이 세상에서 가장 높은 산꼭대기까지 물이 차오르자 노아의 배는 물 위에 떴다. 그리하여 배 안에 타고 있던 생물들 이외의 모든 것이 사라졌다.

하나님의 의도대로 세상이 멸망하자, 그칠 줄 모르고 내리던 비도 그쳤다. 그리고 서서히 물이 빠지면서 노아의 방주는 산꼭대기 위에 걸쳐졌다. 40일을 기다린 뒤에 노아는 먼저 까마귀를 날려 보내고, 다음에 비둘기에게 명하여 땅 위를 정찰시켰다. 아직 세상이 물로 가득 차 있어서 머물 땅이 없자 새들은 다시 방주로 돌아왔다. 그러나 세 번째로 날린 비둘기는 방주로 돌아오지 않았다. 노아는 이제 배에서 내려도 안전하다고 판단했다.

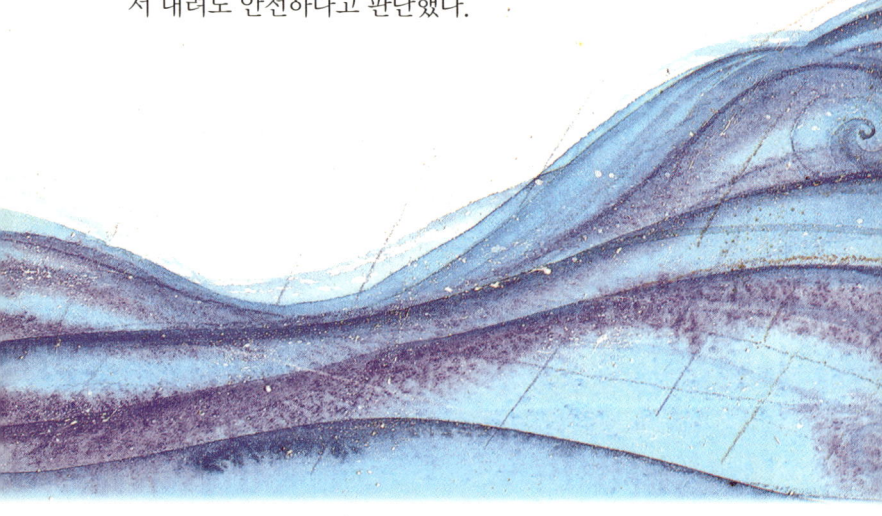

땅 위로 내려온 노아는 하나님에게 제물을 바쳤다. 하나님은 자연의 리듬을 회복하시고 두 번 다시는 인류에 대해 그처럼 참혹한 벌을 내리지 않겠다고 약속하셨다. 그리하여 노아와 땅 위의 생물들에 대한 축복의 증거로 하늘에 무지개를 만드셨다.

이것이 유명한 노아의 방주 이야기다. 여기에는 혼란에 빠진 세상을 응징하는 교훈이 담겨 있다. 그 무렵 사람들은 모두 제멋대로 행동하고 규율을 지키지 않았다. 그들은 대단한 이기주의자였다. 물욕(物慾)을 충족시켜 자신들의 명성을 높이려 했으며 서로가 물질적인 풍족을 자랑했다. 그 결과, 인간은 자신들이 하나님의 모습을 본떠 만들어졌다는 사실을 잊고 말았다. 그들은 동물적으로 행동했다.

성경에서 몇 번씩 언급하고 있는 것처럼 그 시대에 가장 큰 죄는 폭력을 휘두르는 일이었다. 대홍수가 일어나기 전의 세계에서 사람들은 가난한 자로부터 재물을 빼앗고, 또 약한 자를 핍박했다. 정의는 사라지고 부정이 세계를 지배하여 모든 다툼이나 송사(訟事)는 살인이나 피를 흘림으로

써 결말이 났다.

여기서 주목해야 할 것은 성경에서 말하는 죄가 결코 종교적인 죄가 아니라는 점이다. 종교적인 죄라 하면 회당(예배소)에 가지 않았다거나 유대인에게 금지된 것을 먹었다는 따위일 터인데, 성경은 살인이나 도둑질과 같이 매우 구체적이고 일상적인 죄를 언급하고 있다.

유대인의 규율은 성경에서 나왔다. 성경은 당대 최고로 정의로운 사람이 노아였다고 말한다. 흔히 의지가 약한 사람들은 악에 빠진 이유를 친구나 자신을 둘러싸고 있는 환경 탓으로 돌린다. 그러나 노아가 악에 물들지 않고 계속 정의를 지켰다는 이야기는, 아무리 세상이 악에 물들었다 해도 바른 삶을 지켜갈 수 있음을 가르쳐준다. 인간은 쉽게 악의 충동에 빠지지만, 동시에 악의 유혹을 뿌리칠 수 있는 능력도 갖추고 있다.

흔히 주위 사람들이 하고 있으므로 내가 해도 무방하다든가, 주위 사람들이 그렇게 하니까 나도 그렇게 하지 않을 수 없었다고 말한다. 그러나 노아가 유혹을 물리친 것처럼 우리 모두 유혹을 극복할 수 있다.

인류 역사에서 가장 악이 성했던 시기가 독일의 나치 치하였다. 그때는 나치에 의해 믿을 수 없을 정도로 잔악한 일들이 행해졌다. 이때 나치에 동조한 많은 사람들이 다른 사람도 그렇게 하니까 하고 자신의 행동을 변명했다.

한번은 회당에 나온 청소년들에게 노아의 이야기를 들려주었다. 미국 사회는 청소년들의 LSD 복용과 비행문제로 골치를 앓고 있었다. 편역자 주 LSD는 미국 청소년들이 자주 이용하는 환각제, 즉 마약류에 속하는 것이다. 나는 회당에 모인 유대계 미국 청소년들에게, 주위 환경이 아무리 나빠도 노아처럼 정의를 지키는 것이 절대로 어렵지 않다고 설명했다.

당시 내가 맡고 있던 교구 사람들은 대부분 유대계 미국인 중산층 가정 사람들로서 상당한 교양을 지니고 있었다. 고교생들은 좋은 대학에 진학하기 위해 경쟁적으로 공부했다. 보다 좋은 대학에 입학하려면 시험에서 다른 사람보다 한 점이라도 더 잘 받아야만 했다.

어느 날 교구의 한 고등학교에서 학기말 시험을 치렀는데 처음으로 오너 시스템(honor system; 학교 측이 학생들을 믿고 시험 감독을 두지 않는 제도)을 시행했다. 원래 유대인들

은 시험장에 감독관이 있으면 심한 모욕을 받았다고 느낄 것이다. 편역자 주 유대인은 시험을 볼 때 감독관을 두지 않는다. 편역자가 랍비 신학교 재학 시절에 시험을 볼 때도 시험 감독관이 없었다. 더 의아했던 것은 당시 기말 시험을 보고 곧바로 고향에 가기 위해 비행기 시간을 맞추어야 할 학생이 있었다. 교수는 그 학생 혼자 먼저 시험을 보도록 했다. 그런데 그 학생은 아무도 없는 빈 방에서 홀로 시험을 보았다. 물론 그 학생은 책과 노트를 갖고 있었다. 하지만 교수는 학생의 양심을 더 믿었다.

그러나 이 학교에서 생소한 오너 시스템을 도입하자, 역시 악의 유혹이 강했는지 커닝(영어로는 'Cheating'이라고 한다)을 하는 학생들이 생겼다. 나중에 학교가 조사를 했더니, 100명가량의 학생들 중에 커닝을 하지 않은 학생은 겨우 7명뿐이었다. 그 가운데 6명은 나의 회당에 자주 나오는 학생들이었다.

교장은 어째서 이 7명만이 다른 학생들과 다르게 행동했는지 궁금했다. 그래서 교장이 직접 학생들에게 물어보았다. 학생들은 랍비로부터 노아의 방주 이야기를 듣고 인간이 자존심을 지키려면 다른 사람들이 아무리 나쁜 짓을 해도 따라할 필요가 없다고 생각했다고 대답했다. 그 학교는 유대인들만 다니는 학교가 아니라 보통의 사립 고등학교였고, 교장 선생님도 유대인이 아니었다. 나는 이 이야기를 듣고 매우 기뻤다.

노아의 방주 이야기가 주는 또 다른 교훈은 다수결이 반드시 옳은 것은 아니라는 사실이다. 다수가 했다고 해서 그것이 반드시 옳다고 할 수는 없다. 유대인은 언제나 소수민족으로서 박해와 압박을 받아 왔다. 그러므로 다수가 반드시 옳은 것만은 아니라는 점은 유대인들에게는 매우 중요한 신념이다. 소수민족인 유대인은 오랫동안 다수를 점하고 있는 다른 민족으로부터 유대의 문화나 전통을 버리도록 강요받았지만 노아의 이야기로 다시 큰 용기를 얻었던 것이다. 만약 온 세상이 악에 물들었다고 할지라도, 극소수의 인간이 올바른 신념을 갖고 올바른 행동을 계속해 나간다면 반드시 희망이 있음을 배운 것이다.

또, 노아의 이야기는 죄를 범한 자를 벌하는 것보다, 죄 자체를 없애야 한다는 것도 가르친다. 따라서 유대인들은 기도를 드릴 때, 죄는 미워해도 죄인을 벌주라는 기도를 해서는 안 된다고 생각한다.

시편 제104편 35절에 "죄인을 땅에서 소멸하시며, 악인을 다시 있지 못하게 하실지로다. 내 영혼이 여호와를 송축하라. 할렐루야"라고 되어 있는데, '죄인을 땅에서 소멸하시며'라는 것은 '죄를 땅에서 소멸하시어'의 잘못된 번역이다.

동성애

노아가 농업을 시작하여 포도나무를 심었더니 포도주를 마시고 취하여 그 장막 안에서 벌거벗은지라. 가나안의 아비 함이 그 아비의 하체를 보고 밖으로 나가서 두 형제에게 고하매, 셈과 야벳이 옷을 취하여 자기들의 어깨에 메고 뒷걸음쳐 들어가서 아비의 하체에 덮었으며 그들이 얼굴을 돌이키고 그 아비의 하체를 보지 아니하였더라. 노아가 술이 깨어 그 작은아들이 자기에게 행한 일을 알고 이에 가로되, "가나안은 저주를 받아 그 형제의 종들의 종이 되기를 원하노라." (창세기 제9장 제20-25절)

홍수가 끝나고 노아와 가족은 땅 위로 나왔고 노아는 포도나무를 심었다. 포도가 열리자 노아는 술을 만들었다. 술을 처음 마셔본 노아는 취해버린다. 노아가 술에 취하자 아들 하나가 매우 나쁜 짓을 했다. 그가 무슨 짓을 했는지는 성경에 쓰여 있지 않다.

함은 벌거벗은 아버지를 보았지만 아무런 조처도 취하지 않았다. 하지만 셈과 야벳은 아버지가 벌거벗고 있다는 말을 함으로부터 전해 듣고 아버지에게 옷을 입혀드렸다. 노아는 술에서 깨어나 맨 막내아들인 함이 그에게 한 행동을 알자, "가나안은 저주를 받으라."라고 말했다.

함의 행동이 잘못된 것은 사실이나 그의 아들인 가나안까지 저주를 받아야 하다니 도대체 무슨 일이 있었던 것일까? 랍비들은 혹시 함이 아버지인 노아에게 동성애 행위를 한 것이 아닐까 생각했다. 이것은 너무나 무서운 일이어서 성경에는 쓰여 있지 않다.

성경의 이 부분은 세상에는 써서 좋은 것과 나쁜 것이 있음을 가르쳐준다. 유대인들이 여기서 배울 것은, 무언가 너무 지독한 일이 생겼을 때는 그것을 이야기하지 말고 차라리 덮어두는 편이 낫다는 것이다. **편역자 주** 왜 함이 행한 동성애가 '너무나 무서운 일' 또는 '너무 지독한 일'인가? 성경은 가장 극악하고 가증스러운 죄들을 열거하는 죄목들(레 20:1-27) 중에 동성애도 포함시켰다(레 18:22, 20:13; 롬 1:26-27). 동성애를 하는 자는 반드시 죽이라고 명했다(레 20:13). 그만큼 무서운 죄다. 따라서 종교심이 강한 유대인에게는 동성애자가 없다. 또, 여기서는 술에 취하는 것도 금하고 있다.

세 아들은 여행을 떠나게 되는데 노아는 셈에게 종교·도덕·정의의 지도자가 되라고 하며, 야벳에게는 화학공업·예술의 지도자가 되라고 한다. **편역자 주** 셈은 동양인, 야벳은 유럽인(백인)의 조상이 되었다. 세계의 역사적인 종교들, 즉 유교, 불교, 유대교, 이슬람교, 기독교가 모두 동양에서 발생한 것은 우연의 일치가 아니다(중동도 아시아권임). 성경대로 된 것이다. 종교는 도덕의 기준을 정해준다.*

유대인들은 예로부터 물질문명이란 언제나 종교나 높은 이상에 의해 이끌려 가는 것이라는 신념을 지녀 왔다. 인간은 지식만으로 살 수 없다. 도덕이 있어야 한다. 함은 가엾게도 아버지에게 너무나 나쁜 짓을 저질러서 아무런 역할도 받지 못한 채 추방당한다.

---

* 자세한 것은 편저자의 《인성교육 노하우》(쉐마, 2005), 제2권 제5부 제1장 '왜 인성교육에 종교교육이 필요한가' 참조.

바벨탑

온 땅의 구음이 하나이요. 언어가 하나이었더라. 이에 그들이 동방으로 옮기다가 시날 평지를 만나 거기 거하고 서로 말하되, "자, 벽돌을 만들어 견고히 굽자." 하고 이에 벽돌로 돌을 대신하며 역청으로 진흙을 대신하고 또 말하되 "자, 성과 대를 쌓아 대 꼭대기를 하늘에 닿게 하여 우리 이름을 내고 온 지면에 흩어짐을 면하자." 하였더니, 여호와께서 인생들의 쌓는 성과 대를 보시려고 강림하셨더라. 여호와께서 가라사대 "이 무리가 한 족속이요 언어도 하나이므로 이같이 시작하였으니 이후로는 그 경영하는 일을 금지할 수 없으리로다. 자, 우리가 내려가서 거기서 그들의 언어를 혼잡케 하여 그들로 서로 알아듣지 못하게 하자." 하시고 여호와께서 거기서 그들을 온 지면에 흩으신 고로 그들이 성 쌓기를 그쳤더라. 그러므로 그 이름을 바벨이라 하니 이는 여호와께서 거기서 온 땅의 언어를 혼잡케 하셨음이라. 여호와께서 거기서 그들을 온 지면에 흩으셨더라. (창세기 제11장 제1-9절)

바벨탑이란 말은 히브리어로 '혼란'을 뜻한다. 이것은 세계문학에서 맨 처음 나타난 풍자문학이다. 세월이 흐름에 따라 사람들은 하나님에게 한 약속을 잊고 지식을 늘리고, 벽돌 만드는 법을 알아냈다. 그리하여 차츰 큰 건물이나 탑을 만들게 되었다. 왕이나 세력자들은 자신들의 권위를 나타내려고 앞 다투어 큰 건축물을 지었다.

이러한 큰 건축물을 짓기 위해서는 수만, 수십만 명의 노예 노동력이 필요하다. 그리고 수많은 노예들이 벽돌을 쌓아 올리다가 떨어져 죽었다. 사람들은 올바른 행동을 통해 자기 자신을 빛내려고 하지는 않고, 오히려 높은 탑을 쌓아 하나님이 있는 데까지 가보고자 했다.

훗날 랍비들에 의하면 가장 높은 탑은 맨 꼭대기까지 올

라가는 데 꼬박 1년이 걸렸다고 한다. 그리하여 인간보다 벽돌이 더 가치가 있게 되었다. 인간이 탑에서 떨어지면 그곳 시민들은 아무도 탄식하거나 슬퍼하지 않았지만 탑 꼭대기에서 벽돌이 떨어지면 밑에 있는 사람들은 그것을 아깝게 여겼다. 이유는 그 벽돌을 새로 올려놓기 위해 1년이라는 시간이 필요했기 때문이었다.

하나님은 인간들이 그런 탑을 쌓고 있는 것을 보고 "이것은 나에게는 아주 낮은 탑에 지나지 않는다. 만일 인간이 나에게 올라오고자 한다면 차라리 내가 땅 위로 내려가 인간이 무엇을 하고 있는지 보겠다."고 말씀하셨다. 여기서는 또 하나님이 인간이 하고 있는 일에 많은 관심을 가지고 있음을 강조한다. 그리고 인간이 하나님에게 가까이 가고자 한다면 물질적인 수단으로써가 아니라, 정신적으로 가까이 가야 한다는 것을 가르쳐주고 있다.

사람들은 높은 탑을 쌓으면서 서로 다투었다. 그래서 하나님은 그 벌로 사람들에게 각각 다른 언어를 말하도록 하셨다. 후세에 와서도 부(富)라는 것은 사람들을 혼란스럽게 하고 서로 싸우게 만드는 씨앗이 됨을 여기서 보여주고 있다.

 성경의 내용을 놓고 랍비들은 각각 10가지 정도 다른 해석을 내놓는다. 그것은 여러 시각에서 논쟁을 벌이기 때문이다. 그러나 세월이 지남에 따라 그 가운데 한두 가지가 남는다. 그 남은 한두 가지가 세월이 흘러 유대인들의 올바른 해석으로 정착하게 된다. 전체적인 해석보다는 세부적인 해석에서 차이가 있었던 것이다.

국가

여호와께서 아브람에게 이르시되, "너는 너의 본토 친척 아비 집을 떠나 내가 네게 지시할 땅으로 가라." (창세기 제12장 제1절)

여기서 하나님은 '아브람에게' 자신의 나라가 자신의 가족이나 자신의 아버지의 집에서 떠나, 그것을 초월한 종교와 넓은 세계관을 가지지 않으면 안 된다는 것을 가르쳐준다. 또, 참다운 종교는 국가나 가족이나 가정에 틀어박혀 있는 소극적인 것이 아님을 가르쳐주고 있다.

유대에는 "자기 집은 자신의 성도 될 수 있고, 감옥도 될 수 있다."라는 격언이 있다. 집의 창문이 닫혀 있으면 감옥과 마찬가지이고 집의 창문이 밖을 향해 활짝 열려 있으면

그곳이 세계가 되는 것이다.

　유대인들이 기도를 드리는 방에는 반드시 창문이 있어야 한다. 또, 기도 드리는 방에는 거울을 두어서도 안 된다. 창문이 없으면 뇌옥이 되며, 거울은 자신의 모습을 비추어 낼 뿐, 좀더 먼 곳을 볼 수 없게 만들기 때문이다.

여행자

여호와께서 아브람에게 이르시되, "너는 너의 본토 친척 아비 집을 떠나 내가 네게 지시할 땅으로 가라. 내가 너로 큰 민족을 이루고, 네게 복을 주어 네 이름을 창대케 하리니, 너는 복의 근원이 될지라. 너를 축복하는 자에게는 내가 복을 내리고, 너를 저주하는 자에게는 내가 저주하리니, 땅의 모든 족속이 너를 인하여 복을 얻을 것이니라." (창세기 제12장 제1-3절)

그리스인이나 로마인을 비롯하여 대부분의 민족은 자신들을 하나님의 자손이라 생각한다. 그것은 옛 민족은 모두가 자신들의 조상이 하나님이라고 생각했기 때문이다.

그러나 유대인의 조상은 인간 이외의 그 아무것도 아니다. 우리는 성경에서 유대인 조상의 일상생활을 보고 그들이 다른 사람들과 조금도 다를 바 없는 평범한 인간이었음을 알고 있다. 다만 그들은 하나님을 전적으로 믿고 있었기에 신성하다고 할 수 있는지도 모른다.

유대인은 일찍이 아브람(후에 아브라함)과 그의 가족이 행한 일들을 오늘날의 유대인도 똑같이 되풀이할 수 있다고 생각하고 있다. 실제로 지금까지 역사의 흐름 속에서 유대인은 아브람, 이삭, 야곱이 경험한 갖가지 일을 되풀이해서 체험하고 있다.

아브람의 이야기는 아브람이 여행자라는 데서부터 시작된다. 아브람은 아버지에게 이끌려 가족과 함께 메소포타미아를 출발하여 가나안 땅(지금의 이스라엘)으로 향한다. 유대인의 역사에서 이 아브람의 여행은 수없이 되풀이된다. 오랫동안 살던 땅을 버리고 안전을 찾아 멀리 여행하지 않을 수 없는 경우가 자주 생기는 것이다. 유대인은 그들이 정착했던 땅에서 여러 가지 공헌을 했음에도 불구하고 결국 그곳의 위정자로부터 추방당하곤 했다.

후에 랍비들은 어째서 아브람이 그렇게 긴 여행길에 나서지 않으면 안 되었는가에 대해 여러 가지 추측을 했다. 성경은 아브람이 여행길에 오른 이유를 설명하지 않았다. 추측컨대 큰일이 아니고는 그렇게 오랫동안 떠돌지는 않았을 것이라고 랍비들은 생각했다.

  처음에 아브람은 태양이 하나님이라고 생각했다. 그러나 태양은 구름이 끼면 어둠침침해지므로 밤을 비추어주는 달을 하나님이라고 고쳐 생각했다. 그러나 달은 흐려지거나 안 보일 때도 있다. 그 다음에는 별이 하나님일 것이라고 생각했다. 이렇게 여러 가지로 하나님에 대해서 생각해 보았지만 모두가 다른 것에 의해 지는 것들뿐이었다.

  결국 아브람은 만물을 창조해낸 하나님의 존재를 깨달았다. 그러나 당시에는 그 지방의 왕이나 지배자들이 스스로를 하나님이라 생각하고 또 그렇게 생각하게끔 강요했으므로 아브람의 결론은 바람직한 것이 아니었다. 그 때문에 아브람은 어디에서든 쫓겨났을 것이다. 이것이 랍비들의 추측이다.

  아담, 이브, 노아의 경우에는 하나님이 스스로 모습을

나타내시어 그들에게 여러 가지 일을 명하거나 이야기해준다. 그런데 아브람의 경우에는, 아브람이 먼저 하나님을 찾는다. 그리고 하나님이 대답한다. 따라서 자기 힘으로 하나님의 존재를 안 최초의 인간이 아브람인 셈이다.

저주

너를 축복하는 자에게는 내가 복을 내리고, 너를 저주하는 자에게는 내가 저주하리니, 땅의 모든 족속이 너를 인하여 복을 얻을 것이니라." (창세기 제12장 제3절)

어떤 사람이 당신에게 무언가 좋은 일을 했다면, 당신은 그 사람을 축복한다. 하지만 설령 당신을 저주하는 자가 있더라도 당신은 저주해서는 안 된다. 축복은 해주어도 좋지만, 저주는 하나님께서 하시는 것이다. 만일 사람이 사람을 저주하면 저주는 그만큼 증폭되어 자신에게 되돌아온다. <편역자 주> 이런 유대인의 사상은 신약성경에도 그대로 이어진다. 정통파 유대인이었던 바울은 이렇게 가르친다. "너희를 핍박하는 자를 축복하라. 축복하고 저주하지 말라."(롬 12:14). 그리고 저주는 하나님이 하시는 것이라고 말했다. 바울은 구약의 신명기 32장 35절 말씀과 레위기 19장 18절 말씀을 인용하여 다음과 같이 가르쳤다.

> 내 사랑하는 자들아 너희가 친히 원수를 갚지 말고 진노하심에 맡기라. 기록되었으되 원수 갚는 것이 내게 있으니 내가 갚으리라고 주께서 말씀하시니라. 네 원수가 주리거든 먹이고 목마르거든 마시우라. 그리함으로 네가 숯불을 그 머리에 쌓아 놓으리라. 악에게 지지 말고 선으로 악을 이기라. (롬 12:19-21)

따라서 악한 유대인이나 악한 기독교인이 있다면, 그들의 종교가 잘못된 것이 아니고, 성경 말씀대로 살지 않은 것이 문제다. 어느 종교든지 좋은 사람이 있으면 간혹 나쁜 사람도 있게 마련이다. 그러므로 그 일부 부정적인 측면으로 그 종교 전체를 비난하는 것은 잘못이다. 설사 그 종교를 믿는 악한 사람이 있다 해도 그가 그 종교를 갖고 있기에 그 정도지, 만약 그 종교마저 갖고 있지 않았다면 더 많은 악을 사회에 끼쳤을 것이다. 따라서 일부 악한 사람들로 인해 유대교나 기독교를 비난하는 것은 잘못이다. 오히려 그 종교들을 믿도록 권장해야 할 것이다. `편역자 주` 여기서는 유대교나 기독교를 인성교육적 측면에서 말하는 것이지 구원론적 입장에서 다루는 것은 아니다.

가르침

아브람이 그 아내 사래와 조카 롯과 하란에서 모은 모든 소유와 얻은 사람들을 이끌고 가나안 땅으로 가려고 떠나서 마침내 가나안 땅에 들어갔더라. (창세기 제12장 제5절)

   아브람은 도중에 아버지가 세상을 떠나자 그 장소에서 5년에서 10년쯤 머물렀다가 이윽고 아내와 조카와 하란에서 얻은 사람들을 데리고 다시 목적지를 향해 출발했다. 이때 '하란에서 얻은 사람들'이란 하란에서 만든 사람들을 가리킨다. 히브리어로는 '얻었다'는 말 대신 '만든다'는 말이 쓰인다. 여기서도 또 후세의 랍비들은 어떻게 아브람이 '만들었다'는 것일까를 생각했다.

인간은 한 마리의 모기도 만들어낼 수 없는데 하물며 인간이 인간을 만들어낼 수는 없다. 그래서 아브람이 만든 사람들이란, 유일신 즉 하나님의 존재에 눈을 뜨게 해준 사람들을 가리키는 것이라고 결론을 내렸다.

아브람은 매우 친절하고 또한 행실도 올바른 사람이었으므로 사람들은 아브람을 만나보고는 당연히 아브람의 고결함에 감동했다. 그래서 아브람은 사람들에게 하나님의 존재를 알릴 수 있었던 것이다.

유대인은 여기서 사람에게 무엇인가를 가르쳐줄 때는 절대로 입으로 강제하지 말고 행동으로 보여주어야 한다는 가르침을 받는다. 아브람은 사람들에게 설교하지 않고 행동으로 보여준 셈이다.

아브람은 여행 도중 그가 머무는 곳에서 반드시 제단을 쌓았다. 그리고 메소포타미아와 같은 풍요한 땅에서 점점 거친 땅으로 향했다. 거친 땅에 사는 사람들이 더 열심히 일하게 마련이므로, 그쪽으로 찾아가는 편이 인간으로서 훌륭해질 수 있다고 생각했기 때문이다.

테에이쿠우

그 땅에 기근이 있으므로 아브람이 애굽에 우거하려 하여 그리로 내려갔으니, 이는 그 땅에 기근이 심하였음이라. 그가 애굽에 가까이 이를 때에 그 아내 사래더러 말하되, "나 알기에 그대는 아리따운 여인이라. 애굽 사람이 그대를 볼 때에 이르기를 이는 그의 아내라 하고 나는 죽이고 그대는 살리리니 원컨대 그대는 나의 누이라 하라. 그리하면 내가 그대로 인하여 안전하고 내 목숨이 그대로 인하여 보존하겠노라." 하니라. 아브람이 애굽에 이르렀을 때에 애굽 사람들이 그 여인의 심히 아리따움을 보았고 바로의 대신들도 그를 보고 바로 앞에 칭찬하므로 그 여인을 바로의 궁으로 취하여 들인지라. (창세기 제12장 제10-15절)

성경에는 별로 좋지 않은 이야기나 또 읽어도 그 뜻을 알 수 없는 이야기가 자주 나온다. 유대인은 자신들의 전통을 중시하기에 설령 잘 알 수 없거나 별로 기분이 좋지 않은 이야기일지라도 그대로 남겨두었다. 당장은 자신들이 이해하지 못해도 내일이면 알게 될지도 모르며, 또 100년 후에 그 이야기가 지니고 있는 뜻을 알게 될지도 모른다고 생각했기 때문인 것이다.

히브리어에 '테에이쿠우(tayku)'라는 말이 있다. 이것은 이야기 가운데서는 별로 쓰이고 있지 않지만 장래에 알게 된다는 뜻을 내포하고 있다. 과거 2천500년 이상이나 그 뜻을 모르고 있다가 오늘날에 와서야 이런 뜻일 것이라고 알게 된 이야기가 있다. 유대인은 그만큼 인간의 두뇌와 사고력에 큰 희망을 걸고 있다. 바로 아브람에 대한 이야기다.

아브람이 이스라엘에 살고 있을 때, 어떤 고장에 큰 기근이 있었다. 그래서 이집트로 갔다. 이집트에는 이집트 인이 신으로 믿고 있는 나일 강이 있어서, 주민들에게 언제나 풍년이 들게 해주었다. 아브람이 이집트에 도착하자 방금 구약성경의 말처럼 아내에게 "당신은 나의 누이동생이라고 말하라."고 했다.

　아브람은 유대인의 시조라 불린다. 그러나 앞의 행동은 유대인의 시조로서 달갑지 않은 태도다. 지금까지는 아브람이 별로 좋은 일을 한 적이 없다는 해석과 또 이야기의 뜻을 알 수 없다는 의견이 많았다.

　아브람은 메소포타미아 인이었다. 그는 유대인의 시조이지만 그 당시에는 메소포타미아 인으로 생각되었다. 사실 그때까지 아브람은 메소포타미아 방식대로 살아온 사람이었다. 최근 들어 메소포타미아 고적이 발굴되고, 옛날 법정이었던 곳에서 돌에 새겨진 많은 문헌들이 나왔다. 거기서 우리는 당대에 관한 여러 가지 새로운 지식을 얻어냈다. 이에 의하면 당시 여자의 지위는 매우 낮았다. 팔거나 사거나 마치 노예처럼 다루어졌다.

　여자에게 줄 수 있는 가장 높은 지위는 결혼할 때 자신의 누이동생으로 삼는 일이었다. 만일 아내를 누이동생으로 입적(入籍)시키면 그 남자는 다른 여자와 중혼(重婚)할 수 없게 된다. 그리하여 메소포타미아 법정에서는 만일 아내가 누이동생으로 신고되어 있으면 신고되지 않은 다른 아내와 달리 남편과 대등하며 남편의 재산을 상속받을 수도 있었다.

그래서 아브람은 자신의 아내를 누이동생으로 삼았다. 이집트로 들어갈 때 아브람은 아내 사래에게 그냥 여러 명의 아내 중 한 사람이 아니라, 누이동생으로 대접받고 있는 아내라고 말하라고 한 것이다. 아브람이 자신을 지키기 위해 그런 말을 한 것이 아니다. 유대에서는 남편이 항상 아내를 보살펴주어야 하는데, 아브람은 그러한 전통을 처음 만든 사람이다.

성경이 가장 성스러운 책이긴 하지만 역시 틀린 곳도 있고 잘못 쓰인 곳도 있다. 물론 인쇄할 때나 기록될 때도 잘못이 생길 수 있다. 제12장 제13절의 "그대는 나의 누이라 하라."는 말 뒤에 오는 "그리하면 내가 그대로 인하여 안전하고 내 목숨이 그대로 인하여 보존하겠노라."라는 부분은 성경이 입으로 전해지다가 받아 쓰일 때, 이러한 배후 관계를 알지 못했기에 앞의 말을 설명하기 위해 추가한 것이다. 그러므로 본래의 구전(口傳)에는 이런 내용은 없었을 것이다.

토지

그러므로 아브람의 가축의 목자와 롯의 가축의 목자가 서로 다투고 또 가나안 사람과 브리스 사람도 그 땅에 거하였는지라. 아브람이 롯에게 이르되, "우리는 한 골육이라 나나 너나 내 목자나 네 목자나 서로 다투게 말자. 네 앞에 온 땅이 있지 아니하냐. 나를 떠나라 네가 좌하면 나는 우하고 네가 우하면 나는 좌하리라." (창세기 제13장 제7-9절)

아브람과 롯은 이스라엘 땅에 살며 많은 양을 기르며 매우 풍족한 생활을 했다. 그래서 아브람과 롯은 각자 목자를 두었다. 어느 날 그 목자들끼리 다투기 시작했다. 롯 밑에서 일하는 목자가 양들에게 자유롭게 풀을 먹게 하여 양들이 가끔 아브람 소유의 땅까지 들어가 풀을 뜯었기 때문이다. 그리하여 아브람의 목자가 롯의 목자에게 "어째서 아브람의 땅에서 풀을 뜯어 먹게 하는가?" 하고 물었다. 그러자 롯의 목자는 "아브람에게는 자식이 없으므로 아브람이 죽으면 단 하나의 핏줄인 롯의 것이 된다. 어차피 그 땅이 롯의 것이 되는 것이므로 오늘 여기서 풀을 뜯어 먹게 해도 상관없지 않은가?"라고 대답했다.

이야기를 들은 아브람은 이웃끼리 다투기보다 친구로서 멀리 떨어져 있는 편이 낫다고 말하고 롯과 멀리 떨어져 살기로 했다. 아브람은 롯에게 말했다.

"너는 네가 좋아하는 방향으로 가라. 만약에 네가 왼쪽으로 가겠다면 나는 오른쪽으로 가겠고, 네가 오른쪽으로 가겠다면 나는 왼쪽으로 가리라."

롯은 풀이 무성하게 자란 땅을 택했다. 하지만 물질적으로 풍요로운 곳이 항상 좋은 곳이라고 할 수는 없다. 유대인은 물질적으로 풍요로운 땅에서 살지 않는 것이 좋다는 가르침을 지금까지도 지키고 있다. 그러므로 자신들이 살 땅을 택할 때 물질적인 면 이외의 것들을 더 중요하게 여긴

다. 예를 들어 자식을 교육시키는 데 좋은 학교가 있다든가, 정신적인 면을 풍요롭게 해주는 문화시설이 있다든가 하는 조건을 먼저 생각한다.

불여일견(不如一見)

롯이 아브람을 떠난 후에 여호와께서 아브람에게 이르시되 "너는 눈을 들어 너 있는 곳에서 동서남북을 바라보라. 보이는 땅을 내가 너와 네 자손에게 주리니 영원히 이르리라. 내가 네 자손으로 땅의 티끌 같게 하리니 사람이 땅의 티끌을 능히 셀 수 있을진대 네 자손도 세리라.

너는 일어나 그 땅을 종과 횡으로 행하여 보라. 내가 그것을 네게 주리라." 이에 아브람이 장막을 옮겨 헤브론에 있는 마므레 상수리 수풀에 이르러 거하며 거기서 여호와를 위하여 단을 쌓았더라. (창세기 제13장 제7-9절)

그는 이제 이스라엘에서 살고 있다. 그곳에서 후세의 랍비들은 어째서 아브람이 먼 거리를 빙빙 돌아서 걸어가지 않으면 안 되었는가를 생각한 결과, 인간이라는 것은 상상하는 것만으로는 부족하며 한 가지를 분명히 하기 위해서는 실제로 가서 직접 자기 눈으로 확인해야 한다는 가르침이라고 결론을 내렸다.

세계에서 가장 오래된 전쟁 기록

도망한 자가 와서 히브리 사람 아브람에게 고하니 때에 아브람이 아모리 족속 마므레의 상수리 수풀 근처에 거하였더라. 마므레는 에스골의 형제요, 또 아넬의 형제라. 이들은 아브람과 동맹한 자더라. 아브람이 그 조카의 사로잡혔음을 듣고 집에서 길리고 연습한 자 삼백십팔 인을 거느리고 단까지 쫓아가서 그 가신을 나누어 밤을 타서 그들을 쳐서 파하고, 다메섹 좌편 호바까지 쫓아가서 모든 빼앗겼던 재물과 자기 조카 롯과 그 재물과 또 부녀와 인민을 다 찾아 왔더라. (창세기 제14장 제13-16절)

네 말이 내가 아브람으로 치부케 하였다 할까 하여 네게 속한 것은 무론 한 실이나 신들메라도 내가 취하지 아니 하리라. (창세기 제14장 제23절)

이것은 최초로 기록된 세계전쟁이다. 롯이 살고 있는 곳은 싸움터가 되고, 롯은 포로가 되었다. 아브람은 조카를 살려내기 위해 싸웠고 마침내 조카를 구출했다. 유대인은 역사적으로 수없이 자신들의 동포를 전쟁 중에 구출하지 않으면 안 되었다. 또, 그러기 위해 적이나 유대인을 붙잡아 놓은 사람들에게 몸값을 지불해야 했다.

중세에는 돈 때문에 유대인들이 유괴되는 경우가 많았다. 언젠가 매우 높은 지위에 있는 랍비가 유괴를 당해 몸값을 요구받았다. 이 랍비는 여하한 일이 있어도 몸값을 지불하지 말라고 유대인에게 명했다. 그는 감옥에서 세상을 떠났다. 그 이후로는 유대인을 유괴해서 몸값을 요구하는 일이 없어졌다.

이 장에서 흥미 있는 곳은 제14장 제23절이다. 이 전쟁에서 아브람은 승리한 쪽의 왕을 도왔다. 전쟁에서 승리하자 왕은 아브람에게 원하는 것이 있으면 무엇이든지 주겠노라고 했다. 그러자 아브람은 "실 한 오라기나 신발끈 하나도 필요치 않습니다."라고 말했다.

대개 역사상 인격이 고결한 인물들은 가난한 것이 보통이지만, 아브람은 굉장한 부자였다. 부(富)라는 것은 일단 지니면 늘리기보다는 없애는 쪽이 쉽다. 편역자 주 돈을 가진 사람이 돈을 벌기보다는 그 돈을 유지시키는 것이 더 힘들다는 뜻이다. 그럼에도 불구하고 그만한 큰 부자가 되었다는 것은 아브람에게 상당한 경영수완이 있었음을 말해준다.

선택받은 백성

여호와께서 아브람에게 이르시되, "너는 정녕히 알라. 네 자손이 이방에서 객이 되어 그들을 섬기겠고, 그들은 사백년 동안 네 자손을 괴롭게 하리니…." (창세기 제15장 제13절)

여기서는 유대인이 하나님의 선택을 받은 백성이긴 하나 결코 편안한 생활을 누리는 것이 아니라, 갖가지 시련을 견뎌내면서 사람들에게 봉사하지 않으면 안 된다는 것을 말하고 있다. 만일 이런 일이 없으면 유대인은 이 세상의 다른 민족보다 우월하다고 생각하여 교만한 마음을 가지게 되었을지도 모른다.

이것은 유대인이 흩어지기 훨씬 전에 쓰인 것이지만, 이

예언은 아주 잘 들어맞는다. 유대인은 자신들이 유일신을 믿고 다른 사람들이 우상을 숭배해도 우월감을 갖는 일은 없었다. 자신들이 하나님의 선택받은 백성으로서 특별 대우를 받는 일은 없다는 것을 잘 알고 있었기 때문이다.

곤경에 처했을 때

> 하갈이 아브람의 아들을 낳으매 아브람이 하갈이 낳은 그 아들을 이름 하여 이스마엘이라 하였더라. (창세기 제15장 제13절)

아브람의 아내 사라는 아이를 낳지 못했다. 그래서 아내인 사라는 하녀를 남편에게 보내 아이를 낳게 했다. 그 하녀의 이름이 하갈이며, 아들의 이름이 이스마엘이다.

> 사라가 잉태하고 하나님의 말씀하신 기한에 미쳐 늙은 아브라함에게 아들을 낳으니…. (창세기 제21장 제2절)

그 뒤 사라도 잉태하여 아들을 낳으니, 그 아들의 이름이 이삭이다.

하나님이 그 아이의 소리를 들으시므로 하나님의 사자가 하늘에서부터 하갈을 불러 가라사대, "하갈아, 무슨 일이냐, 두려워 말라. 하나님이 저기 있는 아이의 소리를 들으셨나니 일어나 아이를 일으켜 네 손으로 붙들라. 그로 큰 민족을 이루게 하리라." 하시니라. 하나님이 하갈의 눈을 밝히시매 샘물을 보고 가서 가죽부대에 물을 채워다가 그 아이에게 마시웠더라. (창세기 제21장 제2절)

어느 집이나 아내가 둘이면, 하나는 정실이고 하나는 후실이라 해도 평안할 수 없다. 더구나 정실이 아이를 못 낳아 후실을 두어 아이를 낳게 했는데, 나중에 정실이 아이를 낳게 되면, 아무래도 두 여자는 싸우게 된다. 아브람의 집도 예외는 아니었다.

특히 하갈이 낳은 아들 이스마엘이 거칠고 난폭하자 이삭을 낳은 사라는 남편에게 하갈과 이스마엘을 집 밖으로 쫓아내라고 조른다. 마침내 하갈 모자(母子)는 물과 먹을 것만 받아 집 밖으로 쫓겨난다.

길을 떠나 얼마를 가다보니 먹을 것이 바닥 나고 물도 떨어진다. 더운 날이어서 아들은 목이 말라 울어댔다. 하갈은 참을 수 없어서 아이를 나무 그늘에 내려놓고 떠나려고 한다. 그때 하나님의 사자가 나타나 하갈을 향해 "하갈아, 무슨 일이냐?" 하고 묻는다.

그래서 후세의 랍비들은 하나님은 하갈이 물과 먹을 것이 떨어져 낙심하고 있음을 알고 계셨을 텐데, 어째서 "무슨 일이냐?"며 뻔한 질문을 했을까 생각했다.

하나님이 "무슨 일이냐?"라고 물으셔서 하갈은 눈을 떴고 바로 그곳에 샘물이 있음을 알 수 있었다. 샘물은 갑자기 그곳에 나타난 것이 아니라, 그전부터 거기에 있었는데도 격분해 있던 하갈의 눈에는 보이지 않았던 것이다.

이 교훈은, 인간이 정신적으로 시각장애가 되어 때로는 자기 눈앞의 기회나 매우 중요한 것을 놓칠 수도 있음을 말해준다. 하나님이 "무슨 일이냐?"라고 바보스러운 질문을 한 것은 그녀가 바로 샘물 앞에 서 있었기 때문이다. 행복해지는 계기가 바로 자신의 주위, 손이 닿을 만한 곳에 있는지도 모르므로, 곤경에 빠졌을 때는 일단 차분하게 자신의 주위를 둘러보아야 한다.

이름

이제 후로는 네 이름을 아브람이라 하지 아니하고 아브라함이라 하리니 이는 내가 너로 열국의 아비가 되게 함이니라. (창세기 제17장 제5절)

성경에서는 이름이 바뀌는 일이 가끔 있다. 아브람이 아브라함이 되고, 그의 아내 사래는 나중에 사라가 된다. 야곱도 이름이 바뀌고 그 밖에 지명 따위가 바뀌거나 한다. 오늘날에도 서구사회에서는 세인트(Saint)라든가 서(Sir) 같은 칭호를 붙여서 명예를 부여하는 경우가 있다. 랍비들은 성경에 대해 토론할 때, 이름이 매우 중요하다고 생각했다.

탈무드에서 좋은 이름은 인간이 가질 수 있는 가장 값진

보물이며, 가장 질 좋은 기름보다도 성스럽다고 했다. 여기서 '좋은 이름'이란 결코 좋게 들리는 이름이라든가, 글자의 획이 좋은 이름이 아니라, 평판이나 명성을 가리킨다. 고대 유대사회에서 기름은 매우 귀중한 것이었다. 머리를 감을 때나 식용, 난방용, 취사용으로 기름이 사용되었다. 그러나 아무리 질 좋은 기름이라도 오래 놓아 두면 증발하여 없어지는 데 반해, 명성은 시간이 흐를수록 높아진다. 질 좋은 기름은 돈을 주고 살 수 있지만, 명성은 돈 주고 살 수 없다. 질 좋은 기름은 부자들만 살 수 있지만, 명성은 설령 가난하더라도 가질 수 있다. 아브람이 이름을 바꾼 것이 힌트가 되어 랍비들 사이에서는 이름에 대한 토론이 벌어졌다.

탈무드에 의하면 이름에는 세 종류가 있다.

첫째, 왕이나 귀족이 세습(世襲)으로 갖는 이름.

둘째, 학식이 높은 사람으로서 얻는 이름.

셋째, 누구나 가질 수 있는 이름 – 이것이 바로 명성이다.

가나안

내가 너와 네 후손에게 너의 우거하는 이 땅 곧 가나안 일경으로 주어 영원한 기업이 되게 하고, 나는 그들의 하나님이 되리라. (창세기 제17장 제8절)

'가나안'이란 아브라함이 살기 시작할 때까지의 호칭이며, 그 후로는 '이스라엘'이라 불리고 있다.

할례(割禮)

대대로 남자는 집에서 난 자나 혹 너희 자손이 아니요 이방 사람에게서 돈으로 산 자를 무론하고 난 지 팔 일 만에 할례를 받을 것이라. (창세기 제17장 제12절)

유대인이 유대인으로 인정받는 것은 생후 8일째에 할례를 받고부터다. 그때 그 아이는 아브라함의 자손이라고 고해진다. 유대인 가운데 최초로 할례를 받은 사람이 아브라함이며, 유대민족의 긍지는 자신들이 아브라함의 자손이라는 것에 뿌리를 박고 있다.

접대

여호와께서 마므레 상수리 수풀 근처에서 아브라함에게 나타나시니라. 오정 즈음에 그가 장막 문에 앉았다가 눈을 들어 본즉 사람 셋이 맞은편에 섰는지라. 그가 그들을 보자 곧 장막 문에서 달려 나가 영접하며 몸을 땅에 굽혀 가로되, "내 주여 내가 주께 은혜를 입었사오면, 원컨대 종을 떠나 지나가지 마옵시고 물을 조금 가져오게 하사 당신들의 발을 씻으시고 나무 아래서 쉬소서. 내가 떡을 조금 가져오리니 당신들의 마음을 쾌활케 하신 후에 지나가소서. 당신들이 종에게 오셨음이니이다. 그들이 가로되 "네 말대로 그리하라". (창세기 제18장 제1-5절)

이는 아브라함이 할례를 받은 직후의

이야기다. 아브라함은 사람을 아주 잘 접대하는 사람이었다. 상당히 연로한 상태로 수술을 받았기에 매우 피곤했지만 사람들을 접대하기 위해 기꺼이 천막 입구에 앉아 있었다.

그 무렵 아브라함은 사막 한 귀퉁이에 천막을 치고 살았는데, 그 천막은 어디서 손님이 와도 들어올 수 있게끔 사방에 문이 나 있었다. 사람이 보이면 그는 달려나갔고 하인들이 많이 있었지만 몸소 그들을 영접했다.

고대사회에서는 전혀 모르는 사람을 자기 집으로 초대한다는 것은 매우 획기적인 일이었지만, 아브라함은 자진해서 그것을 행했다. 오늘날에도 유대인 가정은 모든 사람에게 개방된다. 특히 축제일에는 기꺼이 많은 사람을 집으로 초대한다.

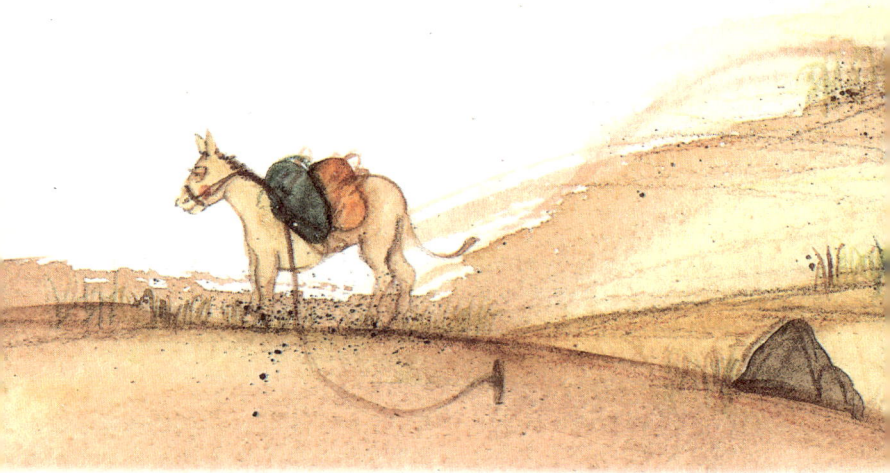

축복

아브라함은 강대한 나라가 되고 천하 만민은 그를 인하여 복을 받게 될 것이 아니냐. (창세기 제18장 제18절)

여기서 제12장(앞에 나온 '저주' 항 참조)과 제18장을 비교해 보자. 제12장에서는 '땅의 모든 족속(all peoples on earth)', 제18장에서는 '천하 만민(all nations on earth)'이라고 번역되고 있는데, 제12장의 것은 '패밀리', 제18장의 것은 '네이션'을 뜻한다. 즉 제12장은 약한 부족 사회의 사람들을 가리키며 제18장은 강대한 국가를 염두에 둔 표현이다. 이것은 강한 것에 대해서나 약한 것에 대해서나 똑같이 축복하지 않으면 안 된다는 것을 가르치고 있다.

이 시대에는 약한 후진국 부족을 아무렇게나 대하는 풍

조가 있었다. 그것으로 그들을 징계하는 것이었다. 하지만 유대인은 문화가 뒤떨어진 약한 민족을 높은 지위로 끌어 올리지 않으면 안 된다는 강한 사명감을 갖고 있다.

오늘날에도 이스라엘은 작은 나라지만 미국의 낙후 지역이나 남아메리카 등에 이스라엘이 만든 의료기관과 교육시설이 상당수 있으며, 농업기술 원조도 활발하게 행해지고 있다. 편역자 주 위의 유대인 랍비의 해석도 중요하지만 신약 신학적 시각에서 또 하나의 해석이 가능하다. 하나님은 아브라함에게 장차 될 일을 창세기 12장과 18장에 똑같이 언약하셨다. 이 언약은 예수님이 오신 이후에 성취된다. 그런데 왜 창세기 12장 3절에서는 '모든 족속의 가정'을 강조하시고, 창세기 18장 18절에서는 '모든 국가들'을 강조하시는가? 왜 다른 단어를 사용하셨는가? 이것은 신구약을 막론하고 모든 정책에서 '가정'이 먼저이고 그 다음이 '국가'가 되어야 한다는 점을 말해준다. 건강한 가정이 많아야 건강한 신본주의 국가가 된다는 것이다. 어떻게 이것을 이룰 수 있는가? 신약 시대에는 신약의 지상명령인 복음을 만민에게 전파(막 16:15)하여 그들이 구원을 얻게 한 이후, 가정 사역을 위해 구약의 지상명령인 쉐마를 가르쳐야 가능하다.* 역사를 보면 유대민족은 지극히 소수민족이지만 그들은 살아남았다. 그 저력은 어디에서 나오는가? 이 지상의 모든 가정들이 성경적 가정이 되어야 그 가정들이 모인 국가가 유대민족처럼 강하게 되는 것이다(유대민족을 하나님이 만드신 하나의 모델로 보아야 한다). 즉 이상적인 천국의 건설은 가정에서부터 시작된다. 전 세계 모든 민족들이 그렇게 된다면 얼마나 강한 하나님의 나라가 되겠는가! 이것이 가정에나 국가에나 축복이다. 물론 유대민족도 신약 시대에는 구원을 위해 예수님이 필요하다.

---

* 자세한 것은 《잃어버린 지상명령 쉐마》(현용수, 쉐마, 2006), 제1권 참조.

여행자와 돈

여호와께서 또 가라사대 "'소돔과 고모라'에 대한 부르짖음이 크고 그 죄악이 심히 중하니 내가 이제 내려가서 그 모든 행한 것이 과연 내게 들린 부르짖음과 같은지 그렇지 않은지 내가 보고 알려 하노라". (창세기 제18장 제18절)

여기서는 하나님이 몸소 자신의 눈으로 소돔과 고모라에서 무슨 일이 벌어지고 있는지 보려 한 셈이다. 여기서 유대인은 어떤 교훈을 얻었을까? 어떤 재판관이라도 소송 당사자의 실정을 보지 않고 판결을 내려서는 안 된다는 것이다. 꼭 현지에 가서 보아야 한다는 가르침을 받았다.

소돔과 고모라는 지상에서 가장 죄 많은 도시로 알려져 있었다. 소돔 사람들은 외지인이 찾아오는 것을 좋아하지 않았고, 낯선 사람에게는 의심을 품었다. 그래서 여행자는 이 도시에 찾아온 것을 깊이 후회했다.

 가난한 자가 어찌하여 이 도시에 잘못 들어오기라도 하는 날이면, 모두가 거짓 웃음을 지어 맞이하고 미리 표시해 둔 돈을 적선했다. 그러나 그 돈은 아무 쓸모가 없었다. 거지가 그 돈으로 물건을 사려고 해도 돈에 표시가 되어 있어서 아무것도 살 수 없었고, 그러다 굶어 죽게 마련이었다. 그러면 그 도시 사람들은 죽은 사람에게서 각자 표시한 돈을 찾아 가져갔다.

 언젠가 한 여행자가 두 딸을 데리고 이 도시로 왔다. 그는 이 도시에서 돈을 지키는 일자리를 얻었다. 그가 지켜야 할 것은 50개의 금화였는데 특수한 기름을 발라 놓아서 냄새만으로도 그 돈이 어디 있는지 금방 알 수 있었다.

 어느 날 그가 있는 곳에 도둑이 들어 가진 물건을 모두 도둑맞았다. 금화는 아무도 찾을 수 없게 잘 숨겨 놓았지만, 냄새 때문에 오히려 쉽게 발견되어 이 역시 도둑맞고

말았다. 그는 책임을 추궁받아 재판에 회부되었다. 그는 50개의 금화를 변상해낼 능력이 없었으므로 딸과 함께 노예로 팔려 가야 했다. 물론 그 돈을 훔친 사람은 그 도시의 사람이었다.

며칠 뒤 도둑맞은 남자의 딸이 길에서 우연히 친구를 만났다. 그 친구는 어째서 얼굴이 그토록 창백하냐고 물었다. 딸은 그때까지의 사정을 모두 털어놓고 "지금 당장 먹을 것도 없는데다가 노예로 팔린 몸"이라고 한탄했다. 친구는 딸을 가엾게 여겨 먹을 것을 조금 가져다주었다.

얼마 후, 소돔 사람들은 이 가족들이 아직 살아 있는 것을 보고 틀림없이 누군가가 먹을 것을 주고 있다고 생각했다. 알아보니 어떤 마음씨 착한 여자 아이가 이 가족에게 먹을 것을 주고 있었다.

그 여자 아이는 곧 붙잡혀 재판을 받고 사형을 언도받았다. 사람들은 그녀를 발가벗겨 몸에 꿀을 바르고 2개의 벌집이 있는 나무 사이에 붙들어 맸다. 벌들은 붕붕 소리를 내며 그녀의 몸에 달려들어 온몸을 쏘아 마침내 그녀는 죽고 말았다. 그때 하나님이 이 도시에서 들려오는 여자 아이의 비명을 듣고 지상으로 내려가 살펴보겠다고 했다.

　유대인들의 해석에 의하면, 소돔과 고모라 사람들의 가장 큰 죄는 다른 사람이 착한 일을 하는 것을 금하고 오히려 착한 일을 한 사람을 벌했다는 점이다. 착한 일을 금하는 사회가 가장 나쁜 사회인 것이다. 벌꿀과 같이 달콤하고 좋은 것을 나쁜 수단에 사용했다는 사실이 이를 상징하고 있다.

정의의 관념

그 사람들이 거기서 떠나 소돔으로 향하여 가고 아브라함은 여호와 앞에 그대로 섰더니 가까이 나아가 가로되, "주께서 의인을 악인과 함께 멸하시려 하나이까. 그 성 중에 의인 오십이 있을지라도 주께서 그곳을 멸하시고 그 오십 의인을 위하여 용서치 아니 하시리이까. 주께서 이같이 하사 의인을 악인과 함께 죽이심은 불가하오며 의인과 악인을 균등히 하심도 불가하니이다. 세상을 심판하시는 이가 공의를 행하실 것이 아니니이까." 여호와께서 가라사대 "내가 만일 소돔 성 중에서 의인 오십을 찾으면 그들을 위하여 온 지경을 용서하리라." 아브라함이 말씀하여 가로되 "티끌과 같은 나라도 감히 주께 고하나이다. 오십 의인 중에 오인이 부족할 것이면 그 오인 부족함을 인하여 온 성을 멸하시리이까." 가라사대 "내가 거기서 사십 오인을 찾으면 멸하지 아니하리라." 아브라함이 또 고하여 가로되 "거기서 사십 인을 찾으시면 어찌 하시려나이까." 가라사대 "사십 인을 인하여 멸하지 아니하리라." 아브라함이 가로되 "내 주여 노하지 마옵시고 말씀하게 하옵소서. 거기서 삼십 인을 찾으시면 어찌 하시려나이까." 가라사대 "내가 거기서 삼십 인을 찾으면 멸하지 아니하리라." 아브라함이 또 가로되 "내가 감히 내 주께 고하나이다. 거기서 이십 인을 찾으시면 어찌 하시려나이까." 가라사대 "내가 이십 인을 인하여 멸하지 아니하리라." 아브라함이 또 가로되 "주는 노하지 마옵소서. 내가 이번만 더 말씀하리이다. 거기서 십 인을 찾으시면 어찌 하시려나이까." 가라사대 "내가 십 인을 인하여도 멸하지 아니하리라." 여호와께서 아브라함과 말씀을 마치시고 즉시 가시니, 아브라함도 자기 곳으로 돌아갔더라. (창세기 제18장 제22-33절)

142

아브라함은 노아와 전적으로 다르다. 이 이야기는 하나님께서 정의를 행함과 동시에 자비롭다는 것을 말하고 있다.

고대사회에서 왕은 자신이 원하는 대로 정의를 명할 수 있었으며, 누구나 그것을 옳다거나 그르다고 따지지 않았다. 그러나 아브라함은 여기에서 하나님은 옳지 않은 일은 절대로 하시지 않는다는 사실을 강조한다. 또, 이처럼 길게 하나님과 아브라함의 대화가 계속되고 있는 것은, 이러한 정의의 관념을 사람들에게 알려주기 위해서는 상당한 지면이 필요하다는 의미다.

아브라함은 자신이 있는 곳으로 돌아갈 때 하나님이 정의라는 사실을 납득하고, 만약 소돔에 정의로운 사람이 있으면 소돔이 구원을 받으리라고 확신했다. 아브라함에게 소돔의 사람들은 이방인이며 아무런 관계도 없었지만, 아브라함은 그들을 위해 하나님에게 탄원했던 것이다.

발을 씻는 것

날이 저물 때에 그 두 천사가 소돔에 이르니 마침 롯이 소돔 성문에 앉았다가 그들을 보고 일어나 영접하고 땅에 엎드리어 절하여 가로되, "내 주여, 돌이켜 종의 집으로 들어와 발을 씻고 주무시고 일찍이 일어나 갈 길을 가소서." 그들이 가로되 "아니라, 우리가 거리에서 경야하리라." (창세기 제19장 제1-2절)

여기서 "발을 씻는다."는 말을 주의해 보자. 이 말은 성경에 자주 나온다. 이것은 그들이 사막에서 살았기 때문이다.

흔히 "발을 씻는다."고 하면 악의 세계에서 손을 뗀다는 것을 뜻하는데, 이것도 악의 세계가 사막처럼 불모의 세계

이기 때문이 아닐까. [편역자 주] 한국에서는 악의 세계와 단절하고 새로운 인생을 살 때 "손을 씻는다."고 말한다.

가정과 사회

사라가 잉태하고 하나님의 말씀하신 기한에 미쳐 늙은 아브라함에게 아들을 낳으니 아브라함이 그 낳은 아들 곧 사라가 자기에게 낳은 아들을 이름하여 이삭이라 하였고, 그 아들 이삭이 난 지 팔 일 만에 그가 하나님의 명대로 할례를 행하였더라. 아브라함이 그 아들 이삭을 낳을 때에 백 세라. 사라가 가로되, "하나님이 나로 웃게 하시니 듣는 자가 다 나와 함께 웃으리로다." 또, 가로되 "사라가 자식들을 젖 먹이겠다고 누가 아브라함에게 말하였으리요마는 아브라함 노경에 내가 아들을 낳았도다." 하니라. (창세기 제21장 제2-7절)

이삭은 히브리어로 '명랑한 웃음'이란

뜻이다. 어린이는 항상 명랑하게 웃어야 한다. 유대인의 어버이는 아이가 탄생하면 그 아이를 명랑하게 웃는 아이로 키울 수 있도록 기도 드린다.

이삭이 태어났을 때 그의 어머니 사라는 나이가 많았다. 자칫 이삭이 다른 어머니에게서 태어난 아이가 아닐까 하는 소문이 날까 염려해서 사라는 이삭을 자기 젖으로 키웠다. 더욱이 자신이 이삭의 진짜 어머니라는 것을 보여주기 위해 이웃 아기들에게도 젖을 먹였다.

이것은 자신이 가지고 있는 힘이나 재능은 먼저 자기 가족에게 준 다음 사회에 주라는 의미다. 자신이 가지고 있는 힘을 사회에 줄 뿐 가족에게는 주지 않는 것도 좋은 일이라 할 수 없다.

하나님의 시험

그 일 후에 하나님이 아브라함을 시험하시려고 그를 부르시되, "아브라함아" 하시니, 그가 가로되 "내가 여기 있나이다." 여호와께서 가라사대 "네 아들 네 사랑하는 독자 이삭을 데리고 모리아 땅으로 가서 내가 네게 지시하는 한 산 거기서 그를 번제로 드리라." 아브라함이 아침에 일찍이 일어나 나귀에 안장을 지우고 두 사환과 그 아들 이삭을 데리고 번제에 쓸 나무를 쪼개어 가지고 떠나 하나님의 자기에게 지시하시는 곳으로 가더니, 제 삼일에 아브라함이 눈을 들어 그곳을 멀리 바라본지라. 이에 아브라함이 사환에게 이르되 "너희는 나귀와 함께 여기서 기다리라 내가 아이와 함께 저기 가서 경배하고 너희에게로 돌아오리라." 하고, 아브라함이 이에 번제

나무를 취하여 그 아들 이삭에게 지우고, 자기는 불과 칼을 손에 들고 두 사람이 동행하더니, 이삭이 그 아비 아브라함에게 말하여 가로되, "내 아버지여" 하니 그가 가로되 "내 아들아, 내가 여기 있노라." 이삭이 가로되 "불과 나무는 있거니와 번제할 어린 양은 어디 있나이까?" 아브라함이 가로되 "아들아, 번제할 어린 양은 하나님이 자기를 위하여 친히 준비하시리라." 하고 두 사람이 함께 나아가서 하나님이 그에게 지시하신 곳에 이른지라. 이에 아브라함이 그곳에 단을 쌓고 나무를 벌여놓고 그 아들 이삭을 결박하여 단 나무 위에 놓고, 손을 내밀어 칼을 잡고 그 아들을 잡으려 하더니, 여호와의 사자가 하늘에서부터 그를 불러 가라사대 "아브라함아, 아브라함아" 하시는지라 아브라함이 가로되 "내가 여기 있나이다." 하매, 사자가 가라사대 "그 아이에게 네 손을 대지 말라. 아무 일도 그에게 하지 말라. 네가 네 아들 네 독자라도 내게 아끼지 아니하였으니, 내가 이제야 네가 하나님을 경외하는 줄을 아노라." 아브라함이 눈을 들어 살펴본즉 한 숫양이 뒤에 있는데 뿔이

수풀에 걸렸는지라. 아브라함이 가서 그 숫양을 가져다가 아들을 대신하여 번제로 드렸더라. 아브라함이 그 땅 이름을 여호와이레(여호와께서 준비하심)라 하였으므로, 오늘까지 사람들이 이르기를 "여호와의 산에서 준비되리라." 하더라.

여호와의 사자가 하늘에서부터 두 번째 아브라함을 불러 가라사대 여호와께서 이르시기를 "내가 나를 가리켜 맹세하노니, 네가 이같이 행하여 네 아들 네 독자를 아끼지 아니하였은즉, 내가 네게 큰 복을 주고 네 씨로 크게 성하여 하늘의 별과 같고 바닷가의 모래와 같게 하리니, 네 씨가 그 대적의 문을 얻으리라. 또, 네 씨로 말미암아 천하 만민이 복을 얻으리니, 이는 네가 나의 말을 준행하였음이니라." 하셨다 하니라. (창세기 제22장 제1-18절)

  아브라함은 하나님에 의해 그가 살아 있는 동안 몇 차례 시험을 당했다. 이것은 마지막으로 하나님이 아브라함을 시험했을 때의 이야기다. 이 시험은 하나님에게보다도 아브라함 스스로 자신이 누구인가를 아는 데 중요한 의미가 있다.

당시에는 사람을 산 채로 제물로 바치는 일이 나쁜 일이라고 생각하지 않았다. 유대인은 사람을 제물로 바치는 일을 그만둔 최초의 민족이었다.

그러나 여기서 아브라함은 그것이 어떤 일이든 하나님이 명하신 것은 지키려는 자세를 보였다. 또, 당시 인간을 제물로 바치는 것은 흔한 일이어서 하나님의 요구를 물리칠 수 없었다.

역사는 유대민족에게 많은 시련을 안겨주었다. 유대인이라는 이유만으로 지금까지 많은 생명을 바쳐 왔다. 아브라함이 이삭을 죽이기 직전에 하나님이 숫양을 준비한다는 것은 마치 아브라함이 아들 이삭을 속인 것처럼 받아들일 수도 있다. 하지만 "두 사람은 함께 갔다."고 두 번씩이나 쓰여 있는 것으로 보아, 이삭이 별로 반항하지 않고 아브라함을 따라간 것은 그 자신이 제물이 된다는 사실을 알았기 때문이라고 랍비들은 해석하고 있다.

이 이야기에는 또 한 가지 교훈이 있다. 인간은 신념을 지니고 있으면 그 신념을 위해 중요한 것도 희생시킬 수 있다는 것이다. 큰 희생을 치르지 않는다면 누구나 간단하게 무슨 일이든 할 수 있지만, 큰 희생이 요구되면 그때부터 큰 시련에 부닥친다. 이 시련을 거쳐야만 비로소 인간은 영웅이 될 수 있다.

아브라함은 생전에 열 번에 걸쳐 서로 다른 시험을 받았다. 그것은 어째서일까. 예컨대 도공(陶工)은 일단 깨어진 도기는 시험해보지 않는다. 그러나 깨어지지 않은 깨끗한 도기는 몇 번씩 두들겨보고 정말 단단하게 만들어졌는가를 시험해본다. 훌륭한 것일수록 몇 번씩 엄격한 시련을 겪지 않으면 안 된다. 하나님은 언제나 인간 개인, 또는 사회를 시험하신다.

그런데 인간은 자신이 귀중하게 여기는 것을 위해 여러 가지를 희생시킨다. 예를 들어 돈이나 직위를 중히 여겨 가족을 희생시키는 사람도 있다. 인간이 자연적으로 죽는 일은 극히 드물다. 병이 나거나 사고에 의해 죽는 경우가 더 많다. 그러나 진심으로 하나님이나 신념을 존중하는 사람은 하나님이나 신념을 위해서라면 자신의 목숨을 바칠 수도 있다. 아브라함은 하나님의 끊임없는 시험에 의해 거기까지 도달했던 것이다.

외국인

"나는 당신들 중에 나그네요, 우거한 자니, 청컨대 당신들 중에서 내게 매장지를 주어 소유를 삼아 나로 내 죽은 자를 내어 장사하게 하시오." (창세기 제23장 제4절)

이것은 아내 사라가 죽은 뒤 아브라함이 한 말이다. 고대에는 인간이 죽으면 동굴 속에 장사 지내는 관습이 있었다. 아브라함은 하나님으로부터 가나안의 땅(이스라엘)을 부여받았지만, 그곳에서 태어난 자가 아니었으므로 실제로는 그 땅은 아브라함에게 속하지 않았다. 그래서 아브라함은 죽은 아내를 매장하기 위해 땅을 사려 했으나 가나안 사람들은 땅을 팔기를 꺼렸다.

여기서 랍비가 주목한 말은 "나는 당신들 중의 나그네

▌노래하는 유대인 아버지와 아들. 유대인은 오랫동안 나그네 인생을 살아왔다. 망국의 한을 안고 이국 땅에서 노래하는 아버지 품에서 아들이 주변을 두리번거리고 있다.

요."라고 한 말이었다. 자신이 그 땅에 살고 있지만 이방인이란 뜻이 아닌가. 즉 외국인과 거주자를 구분하고 있다.

성경에서 아브라함은 주위 사람들과 친했을 때는 거주자로 인정받지만 주위 사람들과 관계가 나빠지면 외국인이나 이방인 취급을 당한다. 아브라함 시대에 이방인이라는 것이 어떤 뜻을 지니고 있었는지 이해해야 한다.

외국인이 어떤 나라에서 60~70년씩 살았다 해도 완전히 그 나라 사람이 될 수는 없다. 그 나라에서 태어나고 자란 사람과 이방인이 똑같은 권리를 지닐 수도 없다. 이방인은 여러 가지 면에서 차별된다. 현대에서도 외국인이 그 나라의 국적이나 시민권을 얻기는 어려운 일이다.

　아브라함은 아마도 주위 사람들과 마찬가지로 오랫동안 그 나라에 살아온 거주자이긴 했지만, 그렇더라도 외국인으로서 거주를 허락받았을 뿐이다. 아브라함은 주위 사람들이 친구인가 적인가를 알아보기 위해 이런 방법을 택했던 것이다. 아브라함은 가나안 사람끼리 매매되는 값보다도 비싼 값을 치르고 아내의 묘지를 얻었다. 그것은 아브라함이 외국인이었기 때문이다.

　아브라함의 손자이며 야곱의 아들인 요셉이 이집트에 가서 어떤 이집트 인의 하인으로 들어가 일하게 되는데, 주인집 딸을 겁탈했다는 누명을 쓰고 감옥에 갇힌다. 옥중에서 어떤 이집트 왕족을 만나 꿈을 풀어주고 요셉은 석방된다. 석방된 뒤 궁정에 나가 해몽한 것이 여러 차례 맞았으므로 마침내 이집트 바로 왕의 총리로 임명된다.

요셉은 이집트로 가족들을 불러들이고 유대인들을 위해 많은 일을 한다. 그러나 요셉이 죽은 뒤 이집트의 유대인들은 노예가 된다. 이처럼 유대인들이 고생하는 이유는 외국인 거주자라는 것 때문이었으며, 이 이야기는 외국인 거주자라 하더라도 그 나라 사람과 똑같이 대하라는 교훈이다.

또, 이 장 맨 처음에 나오는 '나그네'는 원래 히브리어로 '게야'이며, '외국인'을 뜻한다. 그 다음에 '토샤브'란 말이 있는데 '거주자'를 가리킨다. 따라서 성경에 '나그네'로 한 것은 잘못된 번역이다.

결혼과 인종차별

"내가 너로 하늘의 하나님, 땅의 하나님이신 여호와를 가리켜 맹세하게 하노니 너는 나의 거하는 이 지방 가나안 족속의 딸 중에서 내 아들을 위하여 아내를 택하지 말고 내 고향 내 족속에게로 가서 내 아들 이삭을 위하여 아내를 택하라." (창세기 제24장 제3-4절)

아브라함은 아들 이삭을 자신과 같은 족속과 결혼시키려고 이웃인 가나안 사람들과 결혼하지 말라고 한다. 만일 이삭이 가나안 사람과 결혼한다면 아브라함이 애써 시작한 종교를 이삭의 자식들이 믿지 않게 될 것이고, 또 가나안 사람과 피가 섞이면 평화롭게 살 수 있을지 잘 몰랐기 때문이었다.

만일 가나안 사람과 결혼하면 가나안 사람이 다수를 차지하고 있으므로 차츰 그 풍습이나 종교에 물들게 될 것이었다. 그래서 아브라함은 이삭에게 친족의 아내를 맞이하여 가나안 땅으로 돌아오라고 명했다.

역사적으로 보면 유대인은 항상 소수민족이었으므로 주위 민족들에게 흡수되는 것을 경계해 왔다. 유대인에게는 인종차별 같은 사고방식이 없으므로 이민족과의 결혼을 반대하지는 않는다. 하지만 한편으로 유대인은 유대인의 종교를 지키며 살아가려는 강렬한 희망을 지니고 있으므로, 유대인이 다른 민족과 결혼할 때는 상대방이 종교적으로 유대인이 될 것을 요구한다.

남편의 자리, 아내의 자리라는 것은 종교적으로 정해져 있어서 만일 배우자가 그 습관을 지키지 않으면 유대인의 가정은 무너진다. 그러므로 이민족과의 결혼을 반대한다. 이것은 결코 인종차별은 아니다.

죽음

그가 수가 높고 나이 많아 기운이 진하여 죽어 자기 열조에게로 돌아가매…. (창세기 제25장 제8절)

아브라함이 죽어서 그의 조상과 함께 있게 되었다는 것은 아브라함이 죽음으로써 사라져버린 것이 아니라 지금까지도 그의 업적이나 가르침은 계속해서 살아 있음을 나타낸다. 이러한 표현법은 성경에서도 여기서 처음 사용되었다.

인간은 죽어서 다른 사람에게 잊혀지지 않을 만한 업적을 남기지 않으면 안 된다. 죽음에 대해 히브리어로도 몇 가지 단어가 있지만, 위대한 사람이 죽었을 때는 흔히 위와 같이 표현한다. 우리도 이런 식으로 죽지 않으면 안 된다.

'임'의 해석

야곱이 서원하여 가로되, "하나님이 나와 함께 계시사 내가 가는 이 길에서 나를 지키시고 먹을 양식과 입을 옷을 주사 나로 평안히 아비 집으로 돌아가게 하시오면, 여호와께서 나의 하나님이 되실 것이요. 내가 기둥으로 세운 이 돌이 하나님의 전이 될 것이요, 하나님께서 내게 주신 모든 것에서 십분의 일을 내가 반드시 하나님께 드리겠나이다." 하였더라. (창세기 제28장 제20-22절)

야곱은 집으로 돌아가게 되자 형제가 어떻게 자신을 맞이할까, 혹시 자신을 죽이지나 않을까 하고 몹시 걱정했다. 그래서 하나님께, "만일 하나님께서 저를 축복해주신다면, 그리고 저에게 충분히 먹을 것과 입을 것을 주신다면, 또 반드시 이 몸을 지켜주신다면 저는 항상 당신을 따르겠나이다." 하고 맹세한다.

　야곱은 하나님에게 항상 감사하는 마음을 지니고 있었다. 그가 메소포타미아를 여행하면서 자주 위대한 경험을 했기 때문이다. 즉 꿈속에 하나님이 나타났던 것이다. 그럼에도 불구하고 야곱은 '만일 당신이 ~한다면' 하는 조건부 투쟁을 한다. 이것은 히브리어로는 '임'이라는 말인데 영어로는 'If'에 해당한다. '임'이란 말은 자주 '~한다손 치더라도'라는 뜻으로 사용되기도 한다.

　가난한 사람들은 대개 하나님에게 감사하며 산다. 그러나 부를 얻음에 따라 그러한 마음을 차츰 잊는다. 즉 가난하지만 감사하는 마음이 넘쳐나는 것은 비교적 흔한 일이나, 부를 얻고도 감사하는 마음을 지니고 있는 것은 매우 드문 일이다. 그래서 여기서는 '임'이란 말을 '~주신다면'이라고 읽는 것보다 '~하신다 하더라도'로 해석하여, '평안히 아비 집으로 돌아가게 하시더라도'로 하는 편이 좋다.

통곡의 벽

야곱이 또한 라헬에게로 들어갔고 그가 레아보다 라헬을 더 사랑하고 다시 칠 년을 라반에게 봉사하였더라.
(창세기 제29장 제30절)

야곱은 메소포타미아에 살고 있는 그의 삼촌 라반을 만나러 갔다. 삼촌에게는 두 딸이 있었는데, 야곱은 둘째 딸과 사랑하게 되었다. 그러자 삼촌은 야곱에게 7년 동안 일해주면, 둘째 딸 라헬을 주겠다고 약속한다. 야곱은 라헬과 결혼하려고 열심히 일했다.

그러나 7년이 지난 뒤 삼촌은 라헬이 아니라 언니인 레아를 주었다. 야곱이 삼촌에게 속은 셈이다. 그리고 삼촌은 다시 7년을 더 일하면 라헬을 주겠노라고 했다. 야곱은 레

아와 이미 결혼한 처지였지만 라헬을 몹시 사랑하고 있었으므로 다시 7년 동안 열심히 라반을 받들었다.

야곱은 사랑하는 사람을 위해 열심히 일했기에 오늘날까지도 유대인들에게 존경을 받는다. 동시에 이 이야기는 무엇을 위해 일하면 대상이 되는 그 무엇은 점점 더 귀중해진다는 것도 가르쳐주고 있다.

예루살렘에 신전이 세워질 때 유대인은 저마다 신전을 짓는 데 참가했다. 동쪽 벽은 돈 많은 사람들이 사람을 고용해서 만들었다. 남쪽 벽은 귀족들이 만들고, 북쪽 벽은 정부가 만들었다. 일반 대중은 손수 벽돌을 쌓고 흙을 다져서 서쪽 벽을 만들었다. 서기 70년에 신전이 파괴되었는데 오늘날까지 유적으로 남아 있는 것은 서쪽의 일반 대중이 만든 벽뿐이다. 그것이 유명한 '통곡의 벽'이다.

'통곡(탄식)의 벽'이란 이름은 유대인들이 지은 것이 아니라, 다른 사람들이 그 벽을 향해 유대인들이 감격하여 우는 모습을 보고 그렇게 이름 붙였다.

감사하는 마음

그가 또 잉태하여 아들을 낳고 가로되, "내가 이제는 여호와를 찬송하리로다." 하고, 이로 인하여 그가 그 이름을 유다라 하였고 그의 생산이 멈추었더라. (창세기 제28장 제35절)

이것은 무언가가 일어난 것에 대해 최초로 하나님께 감사했다는 기록이다. 그 후 유대인은 아무리 작은 일이라도 자신들이 가진 것에 대해 항상 감사하는 마음을 나타냈다.

미국에서 실제로 있었던 일로, 미시간 호에서 19명의 사람들이 익사하기 직전에 있었다. 그때 어떤 젊은이가 나타나 그 19명의 생명을 구했다. 그 젊은이가 인터뷰 요청을 받고 "이번 일로 당신이 가장 기억에 남는 일이 무엇입니까?"라는 질문을 받았을 때, 그는 이렇게 대답했다.

"19명 중에서 한 사람도 감사하다는 말을 하는 사람이 없었다는 일입니다."

가족

또, 그 형제들에게 "돌을 모으라." 하니 그들이 돌을 취하여 무더기를 이루매 무리가 거기 무더기 곁에서 먹고…. (창세기 제31장 제46절)

야곱이 또 산에서 제사를 드리고 형제들을 불러 떡을 먹이니 그들이 떡을 먹고 산에서 경야하고…. (창세기 제31장 제54절)

창세기 제31장 제46절과 제54절을 비교해 보면 재미있는 점을 발견할 수 있다. 제54절에는 사람들이 식사를 하며 제사를 드렸지만 특별한 일을 했다고는 쓰여 있지 않다. 하지만 제46절에는 일을 하고 식사를 들었다고 쓰여 있다.

 이 두 절 모두 '형제'라고 번역되어 있는데 이것은 히브리어로는 '일족(一族)'이나 '가족'이란 말로서, 전적으로 다르게 해석하지 않으면 안 된다.

 제46절에서는 형제나 가족이라는 뜻이지만, 제54절에서는 가족이나 형제가 아니라 많은 사람들이라고 생각해야 한다. 이것은 무언가를 축하하고 떠들썩하게 식사를 할 때는 누구나 와주지만, 어떤 일을 할 때는 가족이나 형제밖에 의지할 데가 없다는 뜻이다.

가랄티

야곱이 세일 땅 에돔 들에 있는 형 에서에게로 사자들을 자기보다 앞서 보내며 그들에게 부탁하여 가로되, "너희는 이같이 내 주 에서에게 고하라." 주의 종 야곱이 말하기를 "내가 라반에게 붙어서 지금까지 있었사오며 내게 소와 나귀와 양 떼와 노비가 있사오므로, 사람을 보내어 내 주께 고하고 내 주께 은혜 받기를 원하나이다." 하더라 하라 하였더니…. (창세기 제32장 제3-5절)

야곱이 메소포타미아에 가서 살기 위해 가족과 작별을 고하고 돌아왔을 때, 그는 자신의 쌍둥이 형제를 만났다. 그때 그는 "나는 메소포타미아에서 삼촌인 라반과 함께 살고 있었다."고 말하는데, 이 '살고 있었다'의 히브리어는 '가랄티'다.

유대인은 최초로 숫자를 사용한 민족은 아니지만 알파벳에 하나하나의 숫자의 뜻을 부여했다. 예를 들어 히브리어의 22개의 알파벳, a(알레프)=1, b(베트)=2, c(김메르)=3이 된다. 10까지 가면 다음에는 20, 30…, 100까지 가면 200, 300…이라는 숫자가 붙는다.

따라서 가랄티라는 말에 쓰인 글자는 모두 613의 수가 된다(표참조). 유대인의 여러 가지 규율이나 전통을 헤아려 보면, 고대의 유대 시대부터 오늘날까지 모두 613가지가 있다. 편역자 주 유대인이 지켜야 할 율법은 모두 613개가 있다.

가랄티의 알파벳 숫자를 합하면 613이 된다

이 부분은 야곱이 가나안 땅을 떠나 멀리 메소포타미아에서 살았지만 유대의 계율을 충실하게 지켰다는 것을 뜻한다.

후세의 랍비들은 성경을 세밀하게 연구할 때, 예를 들어 성경 안에 수록된 글자를 세어보고 그것이 어떤 숫자가 되고 어떤 뜻이 내포되어 있는가를 가르쳐주었다. 또 한 가지 예를 들면 성경의 모든 말에는 멜로디가 있다. 성경을 회당에서 읽을 때는 오늘날에도 멜로디를 붙여서 읽는다. 성경 전부가 노래로 되어 있으며 2천500년 전쯤부터 성경은 노래로 부르도록 되어 있다. 노래로 부르면 성경을 암기하는 데 편리하기 때문이다.

성 제롬은 3~4세기경 기독교의 성자로서 성경을 라틴어로 번역했다. 그가 말했다고 기록되어 있는 부분에 이렇게 쓰여 있다. "성경을 처음부터 끝까지 암기하지 않은 유대인은 한 사람도 없다." 당시에는 인쇄 기술이 없었으므로 모든 유대인은 노래로 성경을 암기했다. 그러나 이 멜로디를 누가 작곡했는지는 알려져 있지 않다. 곡에는 거의 구두점이 없다. 하지만 노래가 끝나는 곳이 문장의 끝임을 알 수 있다.

편애

요셉은 노년에 얻은 아들이므로 이스라엘이 여러 아들보다 그를 깊이 사랑하여 그를 위하여 채색 옷을 지었더니…. (창세기 제37장 제3절)

야곱에게는 12명의 아들과 딸 하나가 있었다. 야곱은 12명의 아들 가운데 요셉을 유난히 사랑했다. 그리고 이 아이를 특별히 사랑하고 있음을 보여주기 위해 요셉에게 특별히 좋은 옷을 입혔다. 그것이 상의였는지 조끼였는지 알 수 없지만 아마도 색깔이 아름다운 비단옷이었으리라 추측된다.

그러나 아버지가 요셉에게만 특별한 옷을 주었기에 다른 형제들은 요셉을 몹시 미워했다. 야곱이 한 아들만 특별히 사랑하니 가족에게는 위기가 찾아왔다.

　여기서 유대인은 매우 큰 교훈을 얻어냈다. 한 자식만 편애하면 가족이 산산이 흩어지고 만다는 것이다. 자녀들 가운데 누구 하나만 편애하는 것은 인간이 범하기 쉬운 잘못인데, 이것만은 특별히 조심해야 한다.

유다의 잘못

유다가 그것들을 알아보고 가로되 "그는 나보다 옳도다. 내가 그를 내 아들 셀라에게 주지 아니하였음이로다." 하고 다시는 그를 가까이 하지 아니하였더라. (창세기 제37장 제3절)

            이 설명만으로는 독자는 이 인용문의 뜻을 이해하지 못할지도 모른다. 어째서 유다가 자신의 잘못을 인정했는가? 어째서 "다시는 그를 가까이 하지 아니하였더라."라고 기록되어 있을까?

실은 이 부분 바로 앞에 한 가지 이야기가 있다. 하지만 이 이야기를 나는 별로 좋아하지 않으므로 전문을 인용하는 것은 피하고 요점만 말해두겠다. 이 이야기를 읽은 다음에 성경 구절을 읽으면 이해가 갈 것이다. 유다가 셋째 아들을 결혼시키지 않았기에 일어난 상대방 여성의 비극도 알게 되리라 믿는다. 여기서는 이미 이스라엘 백성의 지도자가 된 유다가 자신의 잘못을 인정하고 있다.

유다에게는 세 아들이 있었는데 맏아들은 나쁜 짓을 저지르다 죽고 말았다. 유대의 풍습에서 남편이 죽으면 그 아내는 누구와 결혼하지 않고는 살아갈 수 없다. 그래서 자식이 없으면 죽은 남편의 동생과 결혼하는 것이 관례였다. 유다의 큰며느리도 남편이 죽자 시동생과 결혼했다. 그러나 둘째 아들은 형수와의 결혼을 원치 않았기에 결혼 후에도 그녀와의 성관계를 거부했다.

그러는 사이에 둘째 아들마저 죽는다. 이에 유다는 며느리에게 "너는 친정으로 돌아가라. 셋째 아들까지 죽게 될지 모를 일이며, 그 애는 아직 어리니 장성한 다음에 생각해보기로 하자."고 말했다. 하지만 셋째 아들이 장성한 뒤에도 유다는 며느리와 결혼을 시키지 않았다.

유다의 아내가 죽은 지 얼마 후의 일이었다. 어느 날, 유다가 친구들과 함께 자신의 양 떼를 돌보러 갔다가 어느 도시의 거리에서 매춘부를 발견했다. 유다는 "얼마를 지불하면 되겠소?" 하고 매춘부에게 물었다. 그러자 그녀는 "당신은 얼마를 지불하고 싶습니까?" 하고 되물었다. 유다는 "몇 마리의 양을 주겠소."라고 말했다. 그러자 그녀는 "하지만 당신이 정말 양을 줄지는 믿을 수가 없습니다. 그러므로 무언가 당신의 증표가 될 만한 것을 맡겨 놓았다가 나중에 양을 가져오면 그 증표를 돌려드리겠습니다."리고 말했다.

거래가 성사되고 돌아온 유다는 친구들에게 양 몇 마리를 주어 그녀에게 가져다주고 그의 증표인 도장과 끈과 지팡이를 찾아 달라고 부탁했다. 친구들이 양을 몰고 그 도시에 가서 매춘부를 찾았지만 사람들은 그 도시에는 매춘부가 한 명도 없다고 했다. 친구들은 분명히 매춘부가 있었으며 자신들은 친구 대신 값을 치르러 왔다고 했지만, 결국 여자를 찾지 못하고 유다에게로 돌아와 그 이야기를 했다.

얼마 후, 유다는 자신의 며느리가 임신했다는 말을 듣고 격분한 나머지 "그녀를 끌어내어 불태워버려라!"라고 지시하는데, 며느리가 "저는 이것을 가지고 있던 사람에 의해서 임신했습니다."라고 하면서 증표를 내보였다. 그녀가 매춘부처럼 치장하고 있었던 것을 그는 전혀 눈치 채지 못했던 것이다. 이것은 성경에는 어울리지 않는 일화이지만, 이런 말도 되지 않는 이야기도 있다.

바위와 부자(父子)

요셉의 활이 도리어 견강하며 그의 팔이 힘이 있으니 야곱의 전능자의 손을 힘입음이라. 그로부터 이스라엘의 반석인 목자가 나도다. (창세기 제49장 제24절)

여기서는 '반석'에 해당하는 히브리어 '에벤'에 대해 알아보자. 이 말은 성경 안에 자주 나온다. 예를 들어 성경의 십계명은 바위 위에 쓰였으며 야곱은 자주 바위 위에서 잤다. '에벤'이라는 말은 '아브(父)'라는 말과 '벤(子)'이라는 두 말을 합친 것이다. 요컨대 부자(父子)라는 말이 된다. 아버지와 아들이 합쳐지면 반석만큼 튼튼하다는 뜻이다.

유대인이 오늘날처럼 발전해 온 가장 큰 비결은 가족의

▎유대인의 아버지와 아들. 두 사람의 관계는 반석만큼 튼튼하다. 유대인은 아버지와 아들이 합쳐지면 반석만큼 튼튼하다고 믿는다. 유대인이 오늘날처럼 발전해 온 가장 큰 비결은 가족의 단결력이 강하다는 데 있다. 예를 들어 하나님과 이스라엘 백성이 아버지와 아들이라는 관계로 굳게 맺어져 있는 것이 유대인을 오늘날까지 지탱시켜 온 원동력이라고 할 수 있다. 사진은 유대인 아버지가 자신의 상점에서 아들과 함께 포즈를 취하고 있는 장면. 그들은 되도록 일도 함께 한다.

단결력이 강하다는 데 있다. 예를 들어 하나님과 이스라엘 백성이 아버지와 아들이라는 관계로 굳게 맺어져 있는 것이 유대인을 오늘날까지 지탱시켜 온 원동력이라 하겠다.

제2장

모세의 지팡이
Talmud

출애굽기

신발

모세가 그 장인 미디안 제사장 이드로의 양무리를 치더니 그 무리를 광야 서편으로 인도하여 하나님의 산 호렙에 이르매, 여호와의 사자가 떨기나무 불꽃 가운데서 그에게 나타나시니라. 그가 보니 떨기나무에 불이 붙었으나 사라지지 아니하는지라. 이에 가로되 "내가 돌이켜 가서 이 큰 광경을 보리라. 떨기나무가 어찌하여 타지 아니하는고…." (출애굽기 제3장 제1-3절)

모세가 생전에 겪은 가장 중요한 경험 중 하나가 떨기나무, 즉 덤불이 불탄 것이다. 유대인들은 어째서 하나님이 고르고 골라 이러한 덤불에 나타나셨을까 궁금해했다. 만일 이것이 중요한 의미가 있다면, 하나님은 높은 산이라든가 벼락이 떨어지는 날씨라든가, 또는 아주 큰 나무 밑 같은 곳을 택해야 했을 것이다.

그런데 하나님은 작은 가시가 가득 돋아 있는 덤불을 택하셨다. 거기에는 식량이 될 만한 딸기 같은 열매도 없고, 꽃도 피지 않고, 손을 조금만 대도 상처투성이가 되어버리기에 인간뿐만 아니라 동물조차 가까이 가지 않는다.

왜 하필 이런 곳을 택해 하나님이 나타나셨는가는 유대인들에게 매우 중요하다. 사람은 스스로 좋은 일과 나쁜 일의 차이를 배워야 한다. 그것을 모른다면 누군가 길을 걷고 있는 사람을 뒤에서 밀어 그가 넘어져 다치더라도, 그게 어째서 나쁜 일이냐고 말할지도 모른다. 탈무드에는 그에 대한 가르침이 있다.

하나님이 이 세상에서 가장 보잘것없는 장소를 택하신데는 깊은 뜻이 담겨 있다. 하나님은 모든 것에 관심을 가지고 있다는 점을 말씀하시고자 한 것이다. 하나님은 아무리 하찮은 것이라도 외면하지 않으신다. 별은 사람의 숫자보다 많으며, 인간보다 더 복잡하지만 하나님은 별이 아닌 땅 위의 덤불을 택함으로써 하나님이 모든 인간 하나 하나에게 관심을 갖고 있음을 보여주신다.

이것은 유대인에게는 매우 중요한 교훈이다. 특히 그들이 이집트의 노예였던 시절에 이러한 가르침을 얻었다는 것이 중요하다. 당시에는 유대인도 덤불처럼 보잘것없는 존재였다. 그러나 덤불을 철저히 파헤치러 다가가면 가시에 눈을 찔리게 마련이다. 유대인 속에 손을 쑤셔 넣어 파괴하려 하면 그 손은 피투성이가 될 것이다.

덤불의 불은 꺼질 줄 모르고 타올랐다. 이것은 유대인이 언제까지나 계속 생존하며 파괴되지 않으리라는 것을 암시한다.

또, 덤불과 불은 공존하기 어렵다. 덤불은 쉽게 불타버리기 때문이다. 그러나 꺼질 줄 모르고 타오르는 덤불의 불은 이 둘이 평화롭게 공존할 수 있음을 보여준다. 즉 평화란 2개의 대립된 것이 공존하는 것이다. 이것은 세계의 평화와 유대인의 생존을 의미한다.

불타는 덤불의 장면에서 하나님이 모세 앞에 나타나셨을 때, 모세는 단 한 가지 행동을 했다. 묵묵히 신발을 벗었던 것이다. 이것은 무엇을 뜻하는가. 고대에 신발은 에

▎모세가 토라를 받았다는 시내 산의 모습.

고(ego; 利己)의 상징이었다. 그러므로 자신이 중요하지 않다는 것을 나타낼 때 신발을 벗었다.

모세에게 가장 중요한 일은 유대인을 이집트로부터 끌어내어 십계를 주고 이스라엘로 돌아가게 하는 것이었다. 여기서 지도자의 자격이 문제가 되겠지만, 지도자의 첫째 조건은 무사(無私), 즉 자기 자신을 버리고 남을 돌보는 일이다.

유대인은 오늘날에도 이 가르침을 따른다. 예를 들어 가족 가운데 누군가가 죽으면, 또는 가까운 친척이나 가까운 친구가 죽으면 장례식이 끝나고 일주일간 집 안에 틀어박힌다. 그리고 이 일주일 동안 신발을 신지 않는다. 이것은 자신은 중요하지 않고 죽은 사람을 기억하는 일이 중요하다는 것을 나타낸다.

유대의 달력에서 가장 중요한 날은 정월 초하룻날부터 계산하여 열흘째 되는 날이다. 이 휴일은 '욤키퍼'라고 부른다. 이날은 하루 종일, 그러니까 스물네 시간 동안 아무것도 먹지 않고 과거 1년 동안 행한 일에 대해 용서를 빈다. 이날은 신발을 신지 않는다. 이것 역시 자신은 별로 중요치 않음을 나타내기 위해서다. 편역자 주 '욤키퍼'라는 히브리어는 '대속죄일'을 뜻한다. '과거 1년 동안 행한 일'이란 '지난해 하나님의 율법대로 살지 않은 죄들'을 뜻한다. 유대인은 신년을 맞이하면서 지난해에 지은 모든 죄를 하나님에게 회개(청산)하고, 성령 충만을 받아 새로이 시작한다.

반체제(反體制)

여호와께서 모세에게 일러 가라사대 "들어가서 애굽 왕 바로에게 말하여 이스라엘 자손을 그 땅에서 내어 보내게 하라." 모세가 여호와 앞에 고하여 가로되 "이스라엘 자손도 나를 듣지 아니하였거든 바로가 어찌 들으리이까 나는 입이 둔한 자니이다." (출애굽기 제6장 제10-12절)

하나님은 모세에게 이집트의 바로 왕에게 가서 유대인들의 해방을 교섭하라고 명한다. 그러나 모세는 하나님께 가고 싶지 않다고 대답했다. 이것은 매우 이상한 일이다.

모세는 다음과 같이 생각했음이 틀림없다. 아마도 바로 왕은 모세의 말에 귀를 기울여줄 것이다. 그러나 정작 유대인들은 모세의 말을 듣지 않을 것이다. 역사상 가장 비극적인 일 중 하나는, 지도자에 대한 반체제가 적으로부터가 아니라 자기편 진영에서 나타난 것이다.

출생

아므람이 그 아비의 누이 요게벳을 아내로 취하였고 그가 아론과 모세를 낳았으며, 아므람의 수는 일백삼십 칠 세이었으며…. (출애굽기 제6장 제20절)

여기 아주 간단한 문장으로 우리는 모세의 출생에 관해서 알 수가 있다. 모세는 아마도 지금껏 살아온 유대인 가운데 가장 위대한 인물일 것이다. 대개 통치자나 왕이나 영웅에 대해서는 매우 쉬운 말로 표현되고 있다. 그것은 아무리 가난한 집에서 태어나더라도 위대한 지도자가 될 수 있음을 나타낸다.

자유로운 휴일

정월에 그달 십사일 저녁부터 이십일일 저녁까지 너희는 무교병을 먹을 것이요. (출애굽기 제12장 제18절)

　　　　　이는 종교상 유대인에게 가장 중요한 휴일(유월절)을 설명한 것이다. 이상한 것은 가장 중요한 날인데 실제로는 휴일이 아니라는 점이다. 대개 실제 휴일보다는 약간 늦게 휴일을 보낸다. 다른 어떤 유대인의 축제에도 이런 경우는 없다. 어째서 이와 같은 예외가 있는 것일까.

　이는 자유의 중요성을 시사한다. 휴일을 정해진 날 단 한 번뿐이라고 한정 지을 수는 없다. 늦더라도 반드시 찾아오게 마련이다. 최고 한 달까지 늦출 수 있다. 이것은 어디까지나 자유를 보증하려는 유대인들 간의 합의다.

예를 들어 정월 초하루부터 사흘까지 쉬는 대신, 미루었다가 나중에 휴일을 보낼 수 있는데, 그 이유가 개인적인 여행이든 가족의 병 때문이든 무엇이든 상관없다. 단 그것은 '자유로운 휴일(Freedom Holiday)'이라 불리는 이 휴일에만 가능한 일이다. 편집자 주 여기에서 말하는 '이 휴일' 또는 '이 절기'는 '유월절(Passover)'을 뜻한다. 유월절 절기는 유대인이 이집트의 노예생활에서 해방된 날을 기념하는 축제일이다(출애굽기 12장 참조). 이 절기에 한해서 이유가 있을 경우, 최고 한 달까지 늦추어서 휴일을 보낼 수 있다. 이를 '두 번째 유월절(the second passover)'이라고 부른다. 랍비들에 의하면 고대에는 늦추는 경우가 있었지만 현대에는 사라졌다고 한다.

■ 유대인의 유월절 절기 카드. 위의 그림은 이집트에서의 노예 시절을 상징하고, 아래 그림은 양의 피를 바른 이스라엘 백성의 문설주를 그린 것이다. 유대인은 항상 자녀들에게 자신들의 고난의 역사를 기억시키는 교육을 한다.

지도자의 비극

모세의 장인 이드로가 모세의 아들들과 그 아내로 더불어 광야에 들어와 모세에게 이르니, 곧 모세가 하나님의 산에 진 친 곳이라. 그가 모세에게 전언하되 "그대의 장인 나 이드로가 그대의 아내와 그와 함께한 그 두 아들로 더불어 그대에게 왔노라." 모세가 나가서 그 장인을 맞아 절하고 그에게 입 맞추고 그들이 서로 문안하고 함께 장막에 들어가서…. (출애굽기 제18장 제5-7절)

랍비들은 여기서 과거 1천 년 동안 인간의 기본적인 문제가 되었던 것을 지적한다. 그동안 지도자였던 사람들 가운데는 위대한 교사도 있고 종교적인 교육자, 정부 관계자 그리고 여러 방면의 사업에서 봉사하는

지도자도 있었다. 그런데 그들은 세상 사람들에게 봉사하느라고 정작 자신의 자녀를 무시하는 경우가 많았다.

모세는 이집트를 탈출할 때 자식과 아내를 장인 장모에게 맡겨 놓았다. 장인이 그의 아내와 자식들을 데리고 돌아오자, 하나님은 모세에게 장인을 맞이하여 인사드리라고 말했다. 모세는 장인에게 무릎을 꿇고 그 발에 입 맞추었다. 그러고는 중요한 일에 대해 이야기했다. 그러나 아내와 자식들과의 재회에 대해서는 한마디도 언급하지 않았다. 즉 개인적인 정을 무시했다.

이것은 위대한 지도자의 비극이다. 세상 무엇보다 중요한 일을 그르치는 구체적인 예다. 모세의 아들들은 도대체 어떻게 되었을까? 모세의 아들이 유대인 가운데서 어떤 역할을 했는지 전혀 알려져 있지 않다.

오늘날 랍비의 자녀들도 마찬가지다. 그들의 아버지는 다른 사람들과 관계된 일로 너무 바빠서 정작 자기 자녀들에게 할애할 시간이 없다. 나에게도 매일 일어나는 문제다. 자녀들에게 유원지에 데리고 가겠다든가, 무엇을 구경시켜주겠다고 약속하고도 랍비의 역할 때문에 좀처럼 실행하지 못한다. 이것은 자녀들과의 약속을 지키지 않은 것이다. 이것은 매우 좋지 않은 일이다.

최초의 교육자

모세가 하나님 앞에 올라가니, 여호와께서 산에서 그를 불러 가라사대 "너는 이같이 야곱 족속에게 이르고 이스라엘 자손에게 고하라." (출애굽기 제19장 제3절)

여기서 하나님은 모세에게 맨 처음 야곱의 집에 이것을 고하고, 그 다음에 이스라엘의 어린이들(성경에는 '자손들'이라고 되어 있다)에게 고하라고 하셨다. 이 경우 '야곱의 집'과 어린이들이란 결국 마찬가지다. 하나님은 모세에게 십계명의 구상을 유대인에게 고하라고 하실 때, 처음에는 매우 부드럽게, 두 번째는 아주 강하게 이른다.

우리는 여기에서 큰 교훈을 얻었다. 즉 십계의 기본적

인 구상은 처음에는 여자들에게만 주어지고 다음에 남자들에게 주어졌다. 왜냐하면 여자들은 최초의 교육자들이기 때문이다. 즉 어린이를 가르치는 것은 여자의 몫이다. 유대인의 격언에 "여자를 가르친다는 것은 가정을 가르치는 것이다."라는 말이 있다. 그래서 십계명도 처음에는 여자에게 주어지고 그 다음에 남자에게 주어졌던 것이다.

'야곱의 집'은 히브리어로 아주 부드러운 여성적인 느낌으로 발음된다. 여기서도 랍비들은 위와 같은 교훈을 얻었다.

살인

살인하지 말지니라. (출애굽기 제20장 제13절)

십계 가운데 하나인 '살인'이란 말은 영어로는 '킬(kill)'로 되어 있지만 히브리어로는 '레짜'다. 이것은 영어로 '머더(murder)'여야만 한다.

영어의 '킬'은 히브리어의 '할로그'에 해당하며, 이것은 도둑이 들어와 자신을 죽이려 하여 정당방위로 어쩔 수 없이 죽였다든가 하는 뚜렷한 이유가 있어서 살인을 했을 때 쓰는 말이다.

히브리어의 '레짜'란 아무런 이유 없이 고의적으로 사람을 죽이는, 즉 무정한 살인이나 범죄적인 살인에 쓰인다. 십계명(정확히 제6계명)은 이 '레짜'에 해당하는 살인을

해서는 안 된다고 했다.

따라서 전쟁터에서 어쩔 수 없이 사람을 죽이는 일은 허용되지만, 나치의 대량학살이나 텔아비브 공항의 기관총 난사 사건과 같이 아무런 이유도 없이 죄 없는 사람을 죽이는 것은 분명히 '살인-레짜'이며, 이것은 절대로 금지되고 있다. 편역자 주 한국말에는 '죽인다(살인하다)'는 단어만 있다. 따라서 성경을 연구하는 데는 원어를 이해하는 것이 중요하다.

미망인

너는 이방 나그네를 압제하지 말며 그들을 학대하지 말라. 너희도 애굽 땅에서 나그네이었었음이니라. 너는 과부나 고아를 해롭게 하지 말라. (출애굽기 제22장 제21-22절)

여기서 과부(미망인)에 대한 언급이 있다. 미망인은 아무도 돌보는 사람이 없어서 가난한 여자를 가리킨다. 그러나 이 글이 정작 뜻하고 있는 것은 그와는 거리가 약간 멀다.

여기서 쓰고 있는 '미망인'을 히브리어로는 '아우 마나'라고 한다. 원래의 뜻은 '이야기를 할 수 없다'는 것이다. 즉 미망인은 가난할 뿐 아니라, 이야기할 상대가 없는

사람을 말한다. 따라서 우리는 서로 이야기할 상대가 없는 사람들에 대해 신경을 쓰지 않으면 안 된다. 자신을 지켜갈 만한 길이 없는 사람들에 대해 좀더 친절하고 따뜻하게 대해주지 않으면 안 된다.

복수(複數)의 뜻

그들은 조각목으로 궤를 짓되 장이 이 규빗 반, 광이 일 규빗 반, 고가 일 규빗 반이 되게 하고…. (출애굽기 제25장 제10절)

유대인은 사막 가운데서 이동식 성막(聖幕)을 만들었다. 여기서는 그 성막의 건축 방법이나 그에 필요한 테이블, 촛대, 물주전자 같은 집기를 만드는 방법이 나온다.

주의해야 할 것은 히브리어 원전에서 "너는 만들지어다."라는 말이 스물아홉 번이나 쓰이고 있다는 점이다. 그때마다 단수(單數)의 인간을 대상으로 하는 조사(助詞) '아쉬타'가 쓰이고 있지만, 단 한 번 복수의 인간을 대상으로 한 '아수우'라는 단어가 쓰였다. 바로 모세의 십계명을 챙기는 궤(법궤)를 만들 때다. 이것은 어째서일까?

유대인들은 어떤 가구도 혼자서 만들 수가 있다. 그러나 십계명을 챙기는 궤만큼은 유대인의 전통을 지키기 위해 전체의 책임하에 여럿이 만들지 않으면 안 된다고 유대인에게 가르치려는 것이다. 편역자 주 십계명은 곧 하나님의 말씀인 토라를 상징한다. 이 토라는 어느 직분에 있는 사람만 섬기거나 필요한 것이 아니고, 모든 유대인 개개인에게 공통적으로 필요하기 때문이다. 그들은 바로 '말씀 맡은자'(롬 3:2)이기 때문이다.*

---

* 자세한 것은 편역자의 저서 《잃어버린 지상명령, 쉐마》(현용수, 쉐마, 2006) 제2권 제3~4부 참조.

순수

너는 또 이스라엘 자손에게 명하여 감람으로 찧어낸 순결한 기름을 등불을 위하여 네게로 가져오게 하고, 끊이지 말고 등불을 켜되…. (출애굽기 제27장 제20절)

         온 세계의 유대교 회당 안에는 밤낮을 가리지 않고 계속 밝혀 두는 등불이 있다. 이 관습은 모세의 시대까지 거슬러 올라간다. 이동식 성막을 만들 때 켠 등불이 그 후로도 계속 밝혀져 있는 것이다. 이 등불을 밝히는 기름이 올리브유다.

  유대인들은 올리브유와 유대인의 역사를 비교하며 흥미로운 교훈을 얻었다. 올리브유는 어떻게 만드는가? 나무에서 딴 올리브 열매를 하나로 묶어 돌로 으깨고 찧어

기름을 짠다.

으깨어지고 찢어진 올리브유가 등불을 밝히는 것처럼, 유대인들은 어느 나라에서나 등불을 밝힐 수 있었다. 올리브가 압력을 받아 부서지고 찢어지는 것처럼 유대인들도 계속 박해를 받아 왔다. 찢으면 찢을수록 올리브 기름을 순수해진다. 유대인들도 박해를 받으면 받을수록 순수해진다.

또 다른 교훈은 금속으로 튼튼한 배를 만들려 할 때 강철부터 테스트를 해야 한다는 것이다. 큰 압력을 견뎌낼 수 있는지의 여부를 알아내기 위해 다양한 테스트를 거치는 것이다. 마찬가지로 유대인도 끊임없이 테스트를 받으며 그들의 순수성을 높여 왔다.

기름과 물은 섞이지 않는다. 그들도 역사 속에서 이것을 배웠다. 다른 민족과 혼합되더라도 그들 자신의 독립성을 지닌 채 유대인들은 수천 년 동안 살아남았던 것이다.

황금 송아지

아론이 일 년 일차씩 이 향단 뿔을 위하여 속죄하되, 속죄제의 피로 일 년 일차씩 대대로 속죄할지니라. 이 단은 여호와께 지극히 거룩하니라. (출애굽기 제30장 제10절)

이 가운데서 특기할 것은 모세라는 이름이 한 번도 나오지 않는다는 점이다. 이유는 이동식 성막이 완성되었기 때문이다. 모세는 이쯤 해서 자신이 더 이상 필요치 않다고 생각한다. 그래서 그의 이름은 여기서부터는 생략되었다. 하지만 그 바로 뒤 유대인이 저지른 죄에 대한 기록에서 나온다.

여호와께서 모세에게 이르시되 "너는 내려가라. 네가

애굽 땅에서 인도하여 낸 네 백성이 부패하였도다. 그들이 내가 그들에게 명한 길을 속히 떠나 자기를 위하여 송아지를 부어 만들고, 그것을 숭배하며 그것에게 희생을 드리며 말하기를 '이스라엘아, 이는 너희를 애굽 땅에서 인도하여 낸 너희 신이라' 하였도다." (출애굽기 제32장 제7-8절)

여기서 알 수 있듯이 유대인들은 금으로 송아지 모양을 만들어 숭배하는 죄를 저지른다. 이는 지도자의 필요성을 말해준다. 즉 앞의 절에서 모세의 이름이 전혀 나타나지 않았던 것은 이미 지도자가 필요하지 않다고 생각했기 때문이다. 하지만 지도자가 사라지자 바로 다음 절에서 유대인들은 금지된 황금 송아지를 만드는 죄를 범한다.

황금 송아지를 만드는 것이 왜 죄가 되는가 하면, 십계명에 실상(實像)은 절대로 만들지 말라고 되어 있기 때문이다. 정신적으로 마음속에 어떤 상을 그리는 것은 좋지만 그림으로 그리거나 실제로 조각으로 만들어서는 안 된다는 것이다.

환경

모세가 그 하나님 여호와께 구하여 가로되 "여호와여 어찌하여 그 큰 권능과 강한 손으로 애굽 땅에서 인도하여 내신 주의 백성에게 진노하시나이까?" (출애굽기 제32장 제11절)

이것은 하나님과 모세의 대화 중 일부다. 황금 송아지를 만든 뒤 유대인은 하나님의 분노를 샀다. 하나님께서는 모세에게 "(시내 산에서) 너는 내려가라. 네가 애굽 땅에서 인도하여 낸 네 백성이 부패하였도다…"라고 말씀하셨다. 이때 하나님이 '네 백성'이라고 말씀하셨으므로, 모세는 여호와께 "'네 백성'이라니요, 어이된 말씀이시나이까? 여호와 하나님이시여, 당신의 백성이라고 해야 함이 옳을까 하나이다."라고 반론을 편다.

이 에피소드의 의미는 이렇다. 즉 모세가 유대인이 저지른 죄를 하나님에게 뒤집어씌우려고 한 것은, 환경이 인격 형성에 매우 중요하다는 것을 나타내기 위해서다. 환경이 인간에게 주는 영향력은 대단히 크다. 따라서 모세는 하나님을 오히려 책망한다. "하나님께서는 어찌하여 사람들을 이처럼 심각한 상황 아래 두시면서 어찌 훌륭한 행동을 해야 한다고 요구하십니까?"라고 말한 셈이다. 랍비는 언제나 다음과 같은 이야기를 인용한다.

어떤 화장품 상인이 매춘부들이 많이 살고 있는 거리에 가게를 열었다. 가게는 번창했지만 상인은 자기 아들이 매춘부와 함께 어울리는 것을 발견했다. 그리고 몹시 노했다. 그런데 그의 친구가 "자네는 어째서 노하는가, 그것은 자네 자신의 책임이 아닌가? 아들을 이런 환경 속에 있게 한 것은 자네의 책임이 아닌가?"라고 아버지인 그를 책망했다.

이는 환경이 인간에게 얼마나 중요한가를 알려주기 위해 인용한 에피소드다.

제3장

회당의 등불
Talmud

레위기

간결

여호와께서 회막에서 모세를 부르시고 그에게 일러 가
라사대, (레위기 제1장 제1절)

레위기의 맨 처음에 나오는 이 문장은
히브리어판 성경에서는 '바이쿠라'(여호와는 부르시어)라
는 말로 시작되고, 마지막은 '알레프'라는 말로 끝나 있다.
이것은 히브리어의 'א'이며 알파벳의 'A'에 해당된다.

그런데 이 '알레프'라는 글자만 보통 글자보다도 약간
작다. 성경을 연구하는 학자들은 어째서 이 글자만이 특히
작게 되어 있는지 의아하게 생각했다.

성경의 말씀들은 아직 종이가 발명되기 전에 이미 존재
하고 있었으므로 그 내용은 돌이나 진흙에 새겨졌다. 그리

하여 같은 단어가 계속될 때는 두 번씩 파는 일이 큰일이었다. 그래서 보통 글자보다 글자를 작게 함으로써 다음 단어의 시작도 같은 알파벳이 사용된다는 것을 나타냈다.

여기에서 유대인은 종이의 공백을 헛되이 해서는 안 된다는 교훈을 배운다. 유대인은 어떤 일을 행할 때 가능한 한 간결하게 행하라고 가르치고 있다. 이러한 표기는 이 밖에도 여러 가지 형태로 성경 안에 나오지만 레위기만은 맨 처음부터 나오므로 특히 눈에 띄어 이러한 교훈을 얻을 수 있다.

글을 쓸 때나 이야기를 할 때도 가능한 한 간결하게 요점만 파악해서 써야 한다. 탈무드건 성경이건 간에 유대인은 짧은 문장 속에 최대한의 내용을 담으려고 한다. 유대인들은 5분 안에 어떤 것을 설명할 수 없다면 차라리 말하지 말라고 한다.

고르반

이스라엘 자손에게 고하여 이르라. "너희 중에 누구든지 여호와께 예물을 드리려거든 생축 중에서 소나 양으로 예물을 드릴지니라. 그 예물이 소의 번제이면 흠 없는 수컷으로 회막 문에서 여호와 앞에 열납하시도록 드릴지니라. 그가 번제물의 머리에 안수할지니, 그리하면 열납되어 그를 위하여 속죄가 될 것이라. 그는 여호와 앞에서 그 수송아지를 잡을 것이요. 아론의 자손 제사장들은 그 피를 가져다가 회막 문 앞 단 사면에 뿌릴 것이며, 그는 또 그 번제 희생의 가죽을 벗기고 각을 뜰 것이요, 제사장 아론의 자손들은 단 위에 불을 두고 불 위에 나무를 벌여 놓고, 아론의 자손 제사장들은 그 뜬 각과 머리와 기름을 단 윗불 위에 있는 나무에 벌여 놓을

것이며…" (레위기 제1장 제2-8절)

레위기에서는 이스라엘 사람들이 집회소나 성막에 바칠 제물로서 가축 따위를 가져오는 이야기가 중심이 되어 있다. 그런데 영역본과 히브리어 원전의 내용이 약간 다르다. 히브리어 원전에는 "이스라엘 자손에게 이르라. 사람이라면 누구든지"라고 되어 있으며 "너의 중에"라고 하는 것은 잘못이다. 유대인만 가리키는 말이 아닌 것이다. 이는 하나님 앞에서 유대인이든 유대인이 아니든 마찬가지임을 가르쳐준다.

이와 같이 유대인들은 옛날부터 자기 민족만이 아니라 다른 민족에 대해서도 생각했다. 제물을 바칠 때 민족을 초월하여 다른 민족의 행복과 이 세상의 평화를 깊이 생각한 것이다.

제물은 히브리어로는 '고르반'이라 한다. '고르반'이란 '가까이 오라'는 뜻이다. 동물을 바치든, 하나님께 기도를 드리든, 자선(慈善)을 위한 돈을 내든 간에 모든 인간을 하나님께 가까이 가게 하는 것이 바로 제물이라는 뜻이다.

사막에서 살아온 유대인들은 양, 닭, 빵, 올리브유 같은 여러 가지 물건을 성막으로 가지고 갔다. 진심에서 우러나온 것이라면 무엇이든 하나님께 가까이 다가가게 만드는 제물이 되었다. 제물은 성막의 승려들과 [편역자 주] 제사를 드려주는 제사장 또는 레위 사람들 제물을 가지고 온 사람이 함께 먹었다. 그러므로 헛되이 버려지는 일이 없었다.

다로쉬 다로쉬

모세가 속죄제 드린 염소를 찾은즉, 이미 불살랐는지라. 그가 아론의 남은 아들 엘르아살과 이다말에게 노하여 가로되…. (레위기 제1장 제2-8절)

이 문장은 토라의 중심부를 이루고 있다. 이 부분에서는 같은 말이 두 번 되풀이 된다. 그것은 히브리어로 '다로쉬 다로쉬'(שרד שרד)라는 말이다. <편역자 주> 히브리어 원어 성경 참조. 유대인들은 이 말을 '가르친다'는 뜻으로 이해한다. 그런데 같은 말을 두 번 되풀이한 이유가 무엇일까?

토라는 유대인이 어떻게 하면 좋은 생활을 하고 올바르게 살 것인가를 가르쳐주는데, 가르치는 방법에는 2가지가 있다. 하나는 선생님이 학생에게 가르치는 것과 같은 일대일 방식이고, 다른 하나는 실례를 보이는 것이다. 즉 백문이 불여일견(百聞不如一見) 식으로 스스로 경험시키는 방법이 있다. '다로쉬'가 두 번 쓰인 것은 가르치는 방법에 2가지가 있음을 나타낸다.

보건 위생

사람의 피부에 무엇이 돋거나 딱지가 앉거나 색점이 생겨서, 그 피부에 문둥병 같이 되거든 곧 제사장 아론에게나 그 자손 중 한 제사장에게로 데리고 갈 것이요. (레위기 제13장 제2절)

사람에게 문둥병이 들었거든 그를 제사장에게로 데려갈 것이요. (레위기 제13장 제9절)

병 있는 날 동안은 늘 부정할 것이라. 그가 부정한즉 혼자 살되, 진 밖에 살지니라. (레위기 제13장 제46절)

이것은 인류 역사상 가장 오래된 보건

위생 규칙이다. 지금으로부터 3천 년 전 이 글이 쓰였을 때 유대인들은 전염병에 대해 깊은 관심을 갖고 있었다. 물로 물건을 씻는 법이나 방역(防疫)에 대해서도 이미 알고 있었다.

유대인들은 집단으로 사막을 여행할 때 물이 부족해서 만일 한 사람이라도 전염병에 걸리면 전체가 모두 병에 걸릴 염려가 있었다. 그래서 유대인들은 보건 위생의 필요성을 깊이 인식하게 되었다. 현대에 와서는 나병을 비롯하여 여러 가지 병의 수수께끼가 풀리고 치료가 가능해졌다. 하지만 위의 성경 한 줄을 그 시대에 맞추어 해설한다면 여기에는 어떤 교훈이 담겨 있을까?

먼저 첫번째 의문은 "피부에 무엇이 돋거나 딱지가 앉거나…." 하면 왜 제사장에게 데리고 가라 했을까다. 당시에는 제사장이 의사이기도 했지만, 피부에 무엇이 생긴 사람은 자진해서 제사장에게 가려고 하지 않는 법이다. 사람은 원래 다른 사람의 결점을 잘 찾아내기에, 다른 사람이 어딘가 이상하다고 생각되면 먼저 주의를 주라는 의미다. 인간이 두 눈을 갖게 된 것은 하나는 자신의 결점을 보기 위해서이고, 또 하나는 다른 사람의 장점을 보기 위해서라고 한다.

또, 여기서는 3가지 질병의 증상이 나온다. 첫째, 부종(浮腫)이다. 피부가 부어오르는 병을 말하는데, 인간이 너무 교만해지면 자기 자신이 커진 듯이 느껴진다. 이것도 일종의 부종이다. 이 증상을 치료하려면 자신의 정신부터 고치지 않으면 안 된다.

둘째, 부스럼이다. 종기는 만져보면 매우 딱딱하다. 인간이 다른 사람을 용서하지 않거나 누구에게 원한을 품으면 사람 자체가 굳어진다. 이것은 부스럼과 같다.

셋째, 색점이 생긴다. 이것은 인간이 금이나 은 같은 귀금속만을 좋아하게 되는 증상을 말한다. 너무 돈만 생각하는 사람을 나타내는 병이다.

레위기 제13장은 문둥병자에게 어떤 증상이 나타나며, 며칠째에는 어떤 일을 해야 한다는 식으로 자세하게 기록하고 있다. 매우 지루하고 따분하지만 유대인들은 이 내용에서도 무언가 교훈을 얻고자 여러 모로 토론한 끝에 위와 같은 교훈을 이끌어냈다.

시각장애

너는 귀먹은 자를 저주하지 말며, 소경 앞에 장애물을 놓지 말고, 네 하나님을 경외하라. 나는 여호와니라. (레위기 제19장 제14절)

여기서 앞을 볼 수 없는 시각장애인이 나온다. 시각장애인이 걸어가는 앞에 장애물을 놓아서는 안 된다고 한 부분에 대해 후세의 랍비들은 이렇게 해석한다. 실제로 육체적인 장님이 아니라 특정 사항에 대해 잘 모르는 사람에게 충고할 때 엉터리 충고를 해서는 안 된다는 가르침이라고 본다.

예를 들어 자동차를 살 때 대부분의 사람들은 자동차에 대해 잘 모른다. 집을 살 때도 보통 사람들은 집에 대

226

해 잘 모른다. 그래서 많은 분야에서 사람은 시각장애인이나 마찬가지다. 그러한 사람에게 맞지도 않는 주의나 충고를 하는 것은 딴죽을 걸어 쓰러뜨리는 것과 같다. 시각장애인을 그릇된 방향으로 나아가게 해서는 안 된다는 것을 유대인은 성경 말씀에서 배운다.

2가지 죄

너는 네 백성 중으로 돌아다니며 사람을 논단하지 말며, 네 이웃을 대적하여 죽을 지경에 이르게 하지 말라. 나는 여호와니라. (레위기 제19장 제16절)

유대인에게는 매우 중요한 부분이다. 왜냐하면 위증(僞證)에 관해 가르치고 있기 때문이다.

이 부분도 히브리어 원전과는 다르게 번역되어 있다. 원전에는 "네 이웃의 피와 관계될 때 보고만 있어서는 안 된다."라고 쓰여 있을 뿐이다. 인간이 동물의 습격을 받아 죽음을 당하게 되었다든가, 인간이 물에 빠져 죽게 되었을 때 그것을 보고만 있어서는 안 된다는 의미다.

죄에는 2가지 종류가 있다. 하나는 무슨 일인가를 해서

죄를 범하는 것이다. 다른 하나는 아무 일도 하지 않고도 죄를 범하는 것이다. 탈무드는 사람이 물에 빠져 죽게 되었거나 곤란한 상황에 처했는데 돕지 않는 것도 죄라고 가르친다.

나중에 책임을 추궁당하면 대부분의 사람이 "아닙니다. 나는 아무 일도 하지 않았습니다. 그런데 어째서 내가 나쁘단 말입니까?"라고 말하겠지만, 성경에는 "네 이웃의 피와 관계될 때 보고만 있어서는 안 된다. 나는 여호와니라."라고 쓰여 있다. "나는 여호와니라."라고 한 데는, 사람이 아무것도 하지 않았음을 다른 사람은 보지 못하더라도 하나님은 알고 계신다는 뜻이 담겨 있다.

이웃사촌

원수를 갚지 말며, 동포를 원망하지 말며, 이웃 사랑하기를 네 몸과 같이 하라. 나는 여호와니라. (레위기 제19장 제18절)

유명한 성경 구절이다. 많은 사람들이 이에 대해 다음과 같이 질문한다. 하나님을 사랑하는 것보다 어째서 인간을 사랑하는 일이 그다지도 중요한가? 이 세상에는 종교 모임에는 아주 충실하게 참석하거나 협력하면서도 인간을 사랑하는 태도가 결여된 사람이 상당히 많다. 그러나 유대인들은 동료인 인간을 사랑하는 것이, 여러 종교 행사에 참가하는 것보다 더 중요하다고 생각했다.

노인

너는 센 머리 앞에 일어서고, 노인의 얼굴을 공경하며, 네 하나님을 경외하라. 나는 여호와니라. (레위기 제19장 제32절)

여기서는 똑같은 말이 두 번 되풀이되고 있다. 유대인은 반복되는 부분을 이렇게 해석한다. 하나는 노인을 존경해야 한다는 뜻이고, 다른 하나는 노인이 자기 자신을 존경해야 한다는 뜻이다.

즉 흔히 나이를 먹으면 사람은 게을러지고 더 이상 일을 하려 하지 않는다. 그러나 노인에게는 연륜이 있으므로 젊은 사람을 가르치거나 여러 가지 충고를 하도록 항상 마음을 쓰지 않으면 안 된다는 가르침이다.

5일제 근무

엿새 동안은 일할 것이요. 일곱째 날은 쉴 안식일이니 성회라. 너희는 무슨 일이든지 하지 말라. 이는 너희 거하는 각처에서 지킬 여호와의 안식일이니라. (레위기 제23장 제3절)

이 부분을 읽으면 유대인이 기르는 소, 개, 낙타, 양은 안식일에 무엇을 먹을까, 라는 의문이 생긴다. 또, 나귀는 안식일에 일을 해도 될까? 아니다. 안식일에는 나귀도 쉬지 않으면 안 된다. 그래서 유대인들은 이날 동물들을 외양간에서 꺼내어 들판에 풀어주었다.

여기서 또 성경의 번역 오류가 있다. '엿새 동안은 일할 것이요' 라고 되어 있지만, 히브리어 원전에는 '엿새 동안은 일을 해도 상관없다'로 되어 있다. 그러므로 주휴 (週休) 2일 제도는 성경의 가르침에 어긋나지 않는다.

시간의 중요성

안식일 이튿날, 곧 너희가 요제로 단을 가져온 날부터 세어서 칠 안식일의 수효를 채우고…. (레위기 제23장 제15절)

이집트를 탈출했을 때 유대인들은 정신적으로도 노예였다. 그들은 수 세기에 걸쳐 노예였다. 매일 아침부터 밤까지 일생 동안 줄곧 노예였다. 자유로운 시간이라는 개념이 없었다. 노예에게는 자유가 없기 때문이다.

그런데 갑자기 그들은 자유로운 인간이 되었다. 그리고 얼마 가지 않아서 십계명이 주어졌다. 처음에는 십계명을 받아들일 만한 정신 상태가 아니었다. 그러므로 시간이라는 개념을 가르치는 일부터 시작했던 것이다. 어떤 좋은 일을 했는가, 무슨 일을 했는가, 또는 시간을 헛되이 보내지 않았는가.

여하튼 하루가 끝날 무렵이면, 오늘은 정말 좋은 일을 한 날이었는가를 질문받았다. 이틀째에는 오늘은 좋은 날이라는 식으로 들려주고, 매일 조금씩 식량을 가지고 성막으로 찾아가게 했다. 7주일 동안, 즉 49일 동안 이것을 되풀이했다.

이것이 유대인에게 시간의 중요성을 가르쳐준 계기가 되었다. 그래서 11~14세 어린이들은 모두 자신의 시간을 잘 쓸 수 있도록 배운다. 시간은 한번 가버리면 다시는 돌아오지 않기 때문이다.

유대인의 휴일은 장소가 아니라 시간과 관계가 있다. 그러므로 안식일은 중요하다. 그것은 그날 시간을 어떻게 유효하게 쓰는가를 배우기 때문이다.

어떤 인구 비율

너희 다섯이 백을 쫓고 너희 백이 만을 쫓으리니 너희 대적들이 너희 앞에서 칼에 엎드러질 것이며…. (레위기 제26장 제8절)

이것은 실화다. 언젠가 2차 세계대전 때와 그 전후로 팔레스타인에서 근무했던 장군을 만났다. 나는 1948년에 일어난 이스라엘과 아랍 제국과의 싸움에 대해 어떤 결말이 날 것인가에 관해서 그 장군에게 물어보았다. 그러자 그는 "예루살렘의 지사(知事)나 나나 똑같은 질문을 받았다는 것은 매우 흥미 있는 일입니다."라고 하면서 다음과 같은 이야기를 들려주었다.

아랍권 나라들에서 아랍인과 유대인과의 인구 비율은,

아랍인 40명에 대해 유대인 한 명꼴이다. 즉 아랍인 인구는 유대인 인구의 40배가 된다. 그렇게 말하자 예루살렘 지사는 그것이 거짓말이라고 했다. 지사의 말로는 인구 비율로 보면 아랍인이 유대인의 100배나 된다는 것이다. 장군은 다음과 같이 대답했다. "전쟁이라는 것은 절대로 인구 비율로 따질 것이 못 됩니다. 왜냐하면 조국을 위해서 죽으려는 아랍인이 한 사람인데 비해 유대인은 조국을 위해서 죽으려는 사람이 수십 명이나 됩니다. 이런 정열이 있으니 유대인은 반드시 전쟁에서 승리할 것입니다."

제4장
사막의 지혜
Talmud
민수기

교육자의 자질

행진할 때에 아론과 그 아들들이 성소와 성소의 모든 기구 덮기를 필하거든, 고핫 자손이 와서 멜 것이니라. 그러나 성물은 만지지 말지니 죽을까 하노라. 회막 물건 중에서 이것들은 고핫 자손이 멜 것이며, 제사장 아론의 아들 엘르아살의 맡을 것은 등유와 분향할 향품과 항상 드리는 소제물과 관유며, 또 장막의 전체와 그중에 있는 모든 것과 성소와 그 모든 기구니라. (민수기 제5장 제15-16절)

모세는 모든 일을 스스로 했기에 다른 사람에게 무엇이든 해달라고 부탁하는 일이 없었다. 이것은 지도자에게 매우 중요하다. 지도자는 다른 사람의 서비

스를 구해서는 안 된다. 지도자는 물건을 스스로 운반해야 한다.

모세는 형을 몹시 존경했다. 물론 모세는 자신이 그의 형보다 유명하다는 사실을 알고 있었다. 그러나 형이 있는 곳에서는 항상 형에게 존경하는 마음을 나타냈다. 또, 모세는 대화에도 매우 신중을 기했다. 그래서 결코 경박한 말투로 인해 오해를 사는 일이 없었다. 이것은 교육자에게 요구되는 가장 중요한 자질이다.

모세는 개인의 이익을 위해 자신의 목숨을 돌보지 않았다. 또, 모세는 항상 노인들의 지혜를 신뢰하여 충고를 청했다. 문제가 종교적, 개인적 또는 정치적이건 어떤 문제이건 간에 먼저 나이 많은 장로들의 조언을 받았다. 이것은 그의 지혜의 일부이기도 하다.

히브리어로는 민수기(民數記)라고 하지 않고 '사막에서'라는 제목으로 되어 있다. 민수기의 첫머리는 처음부터 끝까지 국세조사 같은 것이 나와서 로마인이나 그리스인이 민수기라 부른 것을 기독교 성경에서도 그대로 따랐다.

나실인

제사장은 그 하나를 속죄 제물로, 하나를 번제물로 드려서 그의 시체로 인하여 얻은 죄를 속하고, 또 그는 당일에 그의 머리를 성결케 할 것이며, 자기 몸을 구별하여 여호와께 드릴 날을 새로 정하고 일 년 된 숫양을 가져다가 속건제로 드릴지니라. 자기 몸을 구별한 때에 그 몸을 더럽혔은즉 지나간 날은 무효니라. (민수기 제6장 제11-12절)

　　　　가톨릭에서는 일생 동안 말을 하지 않고, 세속으로부터 떠나 사는 사람이 드물지 않다. 그처럼 세상을 등지고 사는 자를 나실인이라고 한다. 나실인은 술도 마시지 않고, 스스로 선인(仙人)과 같은 생활을 하겠다고 맹세하고 이를 행하는 자다.

나실인으로 일정 기간의 생활을 끝내면 1년이든 10년이든 간에 상관없이 하나님께 용서를 빌지 않으면 안 된다. 자진해서 사회로부터 고립하여 삶의 기쁨을 거부한 것 자체가 죄이기 때문이다.

유대인은 삶의 기쁨을 부정하지 않는다. 그러므로 스스로를 부정하고 고립된 생활을 하는 것은 유대인의 시각에서는 죄가 된다. 더구나 나실인은 유대사회 전체로부터 떨어져 나가는 죄를 범한 것이다. 그러므로 용서를 빌지 않으면 안 된다.

취임식의 말

"여호와는 네게 복을 주시고 너를 지키시기를 원하며, 여호와는 그 얼굴로 네게 비추사 은혜 베푸시기를 원하며, 여호와는 그 얼굴을 네게로 향하여 드사 평강 주시기를 원하노라 할지니라." 하라. (민수기 제6장 제24-26절)

기독교 교회(가톨릭)에서는 신부가 마지막에 모인 사람들을 축복하면서 이 기도문을 외운다. 미국의 대통령 취임식에서도 이 구절이 사용된다. 이렇게 짧은 말이 어떻게 그토록 중요한 말이 되었을까. '여호와는 네게 복을 주시고'라고 되어 있는데 '복'이란 또 무슨 뜻일까.

복이란 추상적 사고가 아니라 구체적이어야 한다(practical or in detail). 유대인은 축복이란 인간에게 가장 기본적이며 귀중한 것을 필요한 만큼 확보하는 것이라고 해석한다. 이는 사는 집, 매일매일의 식사, 입을 옷 그리고 필요한 돈 이렇게 4가지 요소를 가리킨다. 그러므로 복이란 밤에 잘 집이 있고, 배고프지 않고, 입을 옷이 있고, 어느 정도의 돈을 가지고 있음을 말한다.

그러나 두 번째 말은 히브리어로 '하나님이 지켜주시기를'이라고 되어 있다. 하나님이 무엇으로부터 지켜주시는가를 생각해보자. 하나님께서 축복해주셔서 의식주(衣食住)와 돈을 보증해주었지만 인생이란 그것이 전부는 아니다. 유대인들은 이들 4가지만이 인생의 전부라고 오해하기 쉬우므로, 하나님께서 저를 지켜주십사 하는 뜻으로 이해했다.

그렇다면 '그 얼굴로 네게 비추사'란 무슨 뜻일까. 이것은 결코 일광욕을 하라는 뜻이 아니다. '항상 밝은 표정을 지을 수 있도록'이라는 뜻이다. 아주 많은 부(富)를 가지고 있으면서도 행복하지 않은 사람은 많다. 따라서 이는 건강한 정신을 가진 사람이 되고 싶다는 뜻이다.

'은혜 베푸시기를 원하며'는 무엇을 말함인가? 히브리어에서는 '비프네카'라고 하며 매우 많은 뜻을 지니고 있다. 성경에서는 '은혜 베푸시기를'이라고 쓰여 있지만, 이것이 실제로 어떤 뜻으로 쓰였는가에 대해 수많은 토론이 이어졌다.

유대인들 사이에서는 이 말이 지닌 '교육'이라는 뜻을 취해야 한다고 해석한다. 읽고 쓸 수 있고 자신의 가족이나 자신이 교육을 받았다면 이것은 큰 은혜다. 유대인들은 교육받는 것 자체가 매우 큰 은혜라고 생각하며 이미 1천 년보다 더 오래전부터 이런 사고방식을 갖고 있었다.

'여호와는 그 얼굴을 네게로 향하여'라 함은 '하나님께서 당신의 집에 사시도록'이라는 뜻을 담고 있다. 즉 유대인들에게는 하나님께 기도하는 장소로서 회당보다 자기 집이 더 중요했다. 유대인들은 모든 축제일에 집에서 제사를 지냈다. '가정이 매우 행복해지도록'이라는 기원이 담겨져 있기 때문이다.

마지막으로 '평강 주시기를 원하노라' 하고 가정의 평

안을 빌고 있지만, 히브리어로는 '당신이 평안을 얻을 수 있도록'이다. 영어로 옮기면 마치 행복이 선반에서 떨어진다는 식의 기도가 되는데, 히브리어에서는 그런 뉘앙스가 아니라 '개인의 노력에 의해'라는 뜻이 담겨 있다.

명예

여호와께서 모세에게 이르시되 "이스라엘 노인 중 백성의 장로와 유사 되는 줄을 네가 아는 자 칠십 인을 모아 데리고 회막 내 앞에 이르러, 거기서 너와 함께 서게 하라." (민수기 제11장 제16절)

모세는 유대인의 위대한 지도자이며 또 위대한 사령관이기도 했다. 그러나 유대인은 절대적인 독재자라든가 절대적인 지도자를 믿지 않았다. 그래서 모세조차도 다른 사람의 의견에 귀를 기울이지 않을 수 없었다. 그 결과 모세에게 의견을 말하고, 모세를 도와주는 70명의 그룹이 생겼다.

이 무렵, 유대인은 12지파로 구성되어 있었다. 이 12지파에서 어떻게 70명을 선출하느냐가 문제였다. 한 지파에서 5명씩 뽑는다면 60명이 되므로 10명이 부족하다. 6명씩 뽑으면 72명이 되어 2명이 넘친다. 70이라는 숫자는 12지파 중 어떤 지파의 분노를 살 수밖에 없는 숫자라고 여겨졌다. 무슨 좋은 방법이 없을까?

모세의 해결책은 다음과 같다. 일단 한 지파에서 6명씩 뽑았다. 그 결과 72명이 되자, 모세는 72장의 쪽지를 한 장씩 나누어 주었다. 그 가운데 2장만 표지가 없었다. 즉 쭉정이 제비를 뽑은 두 사람은 제외되었다.

이 70이란 숫자는 하나님께서 정해주신 수이므로 어쩔 수가 없었다. 모세가 이런 식으로 70명을 뽑았다는 것은 유대인에게 수치를 주어서는 안 되고, 사람의 명예를 지키는 일이 중요하다는 교훈을 남긴다.

유대인은 회당에서 예배가 진행 중이라도 그 예배를 중단시킬 권리가 있다. "나는 모욕을 당했다."고 얘기하면 그것으로 예배는 중단되고 그 사람의 명예가 회복될 때까지는 재개되지 않는다.

유대인의 조직에서는 부회장, 부위원장 같은 직함이

아주 흔한데, 회장이나 위원장이 되지 못한 사람의 명예를 고려해서 만든 직함이다.

비범 속의 평범

사람을 보내어 내가 이스라엘 자손에게 주는 가나안 땅을 탐지하게 하되 그 종족의 각 지파 중에서 족장 된 자 한 사람씩 보내라. (민수기 제13장 제2절)

    이것은 모세가 12명을 뽑아 이스라엘 국정(國情)을 정찰시켰을 때의 이야기다. 이때 유대인들은 시나이 반도의 사막지대에 머물고 있었다.

정찰대가 돌아왔을 때 의견이 두 갈래로 나뉘었다. 다수 의견과 소수 의견으로 갈렸는데, 10명은 이스라엘 땅이 아름답기는 하지만 그곳으로 들어가는 일은 불가능하므로 오히려 이집트로 돌아가 노예생활을 하는 게 낫다고 했다. 나머지 2명은 이스라엘 땅이 아름다워서 그곳에 정착하면 유대인은 반드시 성공할 것이라 했다.

상반된 의견이 알려지자 유대인들은 혼란에 빠졌다. 대다수 사람들이 이스라엘 땅에 들어가는 일이 불가능하다고 말했기 때문이다. 그러나 나중에 실제로 유대인은 이렇다 할 곤란도 겪지 않고 이스라엘 땅에 들어가 번영했다. 그것은 다수의 의견이 잘못되었음을 말해준다.

후세의 랍비들은 어째서 다수인 10명이 잘못된 의견을 냈을까에 대해 토론했다. 또, 어째서 10명은 알지 못했던 점을 2명은 알았는가를 진지하게 생각했다.

결국 다수라는 것은 그 상태를 있는 그대로 받아들이며, 소수파는 항상 있는 그 상태를 넘어서 어떻게 하면 좋을까를 생각하기 때문이라는 데 의견이 모아졌다. 두 사람은 가능성을 생각했으며, 10명은 그 정세나 현재 어떤 상태에 있는가만을 생각했을 뿐이었다. 유대인은 그 후 줄곧 정세가 어떠한가가 아니라, 이 상황에서 어떤 일이 생길 수 있는가를 생각하는 것이 중요하다고 여기게 되었다.

인간을 볼 때도 현재 상태, 예를 들어 어리석다든가 덜렁댄다든가 나쁜 사람이다, 라고 판단하는 데 그치지 않고, 그런 그에게서 무엇을 끌어낼 수 있는가를 생각하지 않으면 안 된다.

이 일이 있은 직후 유대인들은 이스라엘을 향해 다시 여행을 계속한다. 몇 년 뒤 모세가 물러나고 여호수아가 이스라엘 백성의 지도자가 되었다. 그러나 여호수아가 지도자가 된 뒤에도 이스라엘 땅 가까이 가서 다시 12명을 뽑아 이스라엘을 정찰시켰다. 여호수아가 보낸 정찰대가 돌아와서, 이스라엘로 가면 장래의 전망이 밝을 것이라고 보고했다.

여기서 흥미 있는 일은 모세가 여호수아보다 훨씬 위대한 지도자였음에도 불구하고 모세가 보낸 사람들이 그릇된 보고를 했다는 점이다. 랍비들은 어째서 모세는 실패하고, 여호수아는 성공했는가에 대해 토론했다. 모세가 보낸 정찰대는 고귀한 출신의 사람들, 즉 사회적으로 존경받는 사람들로 구성되었다. 그들은 각 부족의 장이었으며, 그들이 보고를 할 때는 언제나 자신들이 이끄는 부족을 염두에 두었기에 실패했다.

여호수아의 정찰대는 흔히 볼 수 있는 평범한 사람들

이었다. 이름조차 알려지지 않은 사람들이었다. 그래서 그들의 보고는 옳았다.

여기서 얻을 수 있는 교훈은 이렇다 할 특징이 없는 평범한 사람들로 구성된 단체나 그룹이 오히려 훌륭한 일을 할 수도 있다는 사실이다.

퇴위

여호와께서 모세에게 이르시되 "눈의 아들 여호수아는 신에 감동된 자니, 너는 데려다가 그에게 안수하고, 그를 제사장 엘르아살과 온 회중 앞에 세우고 그들의 목전에서 그에게 위탁하여…" (민수기 제27장 제18-19절)

그에게 안수하여 위탁하되 여호와께서 자기에게 명하신대로 하였더라. (민수기 제27장 제23절)

이 장의 내용은 모세의 후계자인 여호수아가 선출되는 이야기다. 모세는 자신의 아들을 후계자로 삼지 않고 가장 능력이 뛰어난 여호수아를 후계자로 선출했다. 모세가 여호수아에게 전권을 넘겼을 때, 모세는 결코 시기하거나 언짢아하지 않았다. 유대민족의 행복을 위해 행동했던 것이다.

히브리어로는 제27장 제18절의 '안수하고'라는 말이 단수이며 한 손으로 되어 있다. 하지만 제23절에서 실제로 모세가 여호수아에게 안수하는 장면에서 이 말은 복수기 되어 있다. 여호와께서 한 손으로 안수하라고 했음에도 불구하고 양손을 얹었다는 것은, 모세가 얼마나 자진해서 권력을 이양했는가를 말해준다.

교육의 안전

그들이 모세에게 가까이 나아와 가로되 "우리가 이곳에 우리 가축을 위하여 우리를 짓고 우리 유아들을 위하여 성읍을 건축하고, 이 땅 거민의 연고로 우리 유아들로 그 견고한 성읍에 거하게 한 후에 우리는 무장하고 이스라엘 자손을 그곳으로 인도하기까지 그들의 앞에 행하고…." (민수기 제32장 제16-17절)

"너희는 유아들을 위하여 성읍을 건축하고 양을 위하여 우리를 지으라. 그리하고 너희 입에서 낸 대로 행하라." (민수기 제32장 제24절)

이 두 문장에는 다음과 같은 배경이

있다. 유대인들이 이스라엘 땅에 다다랐을 때, 어떤 부족은 들어가려고 하지 않았다. 왜냐하면 그들은 그때까지 가지고 있던 이스라엘 땅 밖의 재산을 놓치고 싶지 않았기 때문이었다. 그 재산은 토지였으며 가족을 부양하는 데는 그만이었다.

고대 유대인은 요단강을 건너 가나안 땅을 밟았다. 하지만 므낫세, 갓, 르우벤의 세 부족은 자신들이 살던 땅을 사랑하여 그곳에 정착하고 싶어서 강을 건너려 하지 않았다. 모세는 그들과 교섭했다. 어린이나 아내는 재산과 함께 남을 수가 있다. 그러나 남자들은 강을 건너지 않으면 안 된다. 건너편 땅에 정착할 수 있을 때까지, 즉 그곳이 안정될 때까지 돌아갈 수 없다고 했다.

이들 세 부족은 자신들의 양을 지키기 위해 우리를 만드는 것부터 생각하고, 그 다음에는 어린이들을 위해 학교나 마을 같은 것을 만들려고 했다. 그때 모세는 먼저 어린이들의 학교나 마을을 만들고, 그 다음에 양의 우리를 만들라고 했다.

모세가 여기서 말하려고 한 것은 유대인 전체에게 매

우 중요한 일이다. 교육의 안전에 무엇보다도 우선권을 주어야 한다는 것을 가르치고 있기 때문이다.

제5장

최고의 기도
Talmud

신명기

인간 대 신

이스라엘아 들으라. 우리 하나님 여호와는 오직 하나인 여호와시니, 너는 마음을 다하고 성품을 다하고 힘을 다하여 네 하나님 여호와를 사랑하라. (신명기 제6장 제4-5절)

맨 처음 첫 구절은 유대인들 사이에 널리 알려져 있다. 유대인 어린이가 맨 처음 배우는 말인 동시에 유대인이 죽을 때 마지막으로 하는 말이기도 하다. 유대인이 유일신을 믿고 있음을 나타내는 말이기 때문이다. 유대인은 오직 한 신만을 믿도록 명령받고 있다.

히브리어의 '하나'라는 말은 '에핫드'인데, 1이라는 숫자만이 아니라 '독특한(unique)'이란 뜻도 지니고 있다. 먼저 본문의 처음 부분은 아버지의 무릎에 어린이가 앉아 있는 것과 같다. 편역자 주 유대인 아버지는 자녀를 무릎에 앉혀 놓고, 다정하게 성경을 가르친다.* 그 어린이는 아버지를 의식할 것이다. 그 다음에 아버지를 사랑하게 되고, 그리고 아버지를 따르게 될 것이다.

이 말씀은 그러한 상태를 인간 대 하나님이란 관계로 나타내고 있다. 맨 처음에는 하나님을 알고, 그 다음에는 하나님을 사랑하고, 그리고 그 다음에는 하나님을 따르도록 가르치고 있다.

---

* 자세한 것은 《유대인 아버지의 4차원 영재교육》(현용수, 동아일보, 2006), 제3부 제4장 pp. 276~279의 사진 및 내용 참조.

책의 민족

네 자녀에게 부지런히 가르치며 집에 앉았을 때에든지
길에 행할 때에든지 누웠을 때에든지 일어날 때에든지
이 말씀을 강론할 것이며…. (신명기 제6장 제7절)

'네 자녀에게 부지런히 가르치며'에서 '부지런히'는 히브리어로 '조각을 해서 새겨 놓은 듯이 가르치라'라고 되어 있다. 이것은 유대인의 전통을 이어가는 데 교육이 얼마나 중요한가를 뜻한다.

가르친다는 것은 곧 하나님을 존경하는 일이다. 유대인에게 하나님을 존경하는 최고의 기도는 공부하는 것이다. 회당은 모두 공부할 장소를 가지고 있었다. 예배에서 가장 중요한 부분은 사람들이 모여 '토라'를 공부하는 것이었다. 배우지 않는 한, 종교는 미신이 되어버린다는 것을 유대인들은 잘 알고 있었기 때문이다. 따라서 함께 공부하고 서로 가르치고 배우지 않으면 안 되었다. 또, 양친은 반드시 자녀의 교사가 되지 않으면 안 된다.

 유대인은 이 세상에서 최초로 의무교육이라는 것을 발견하고 실시했다. 그래서 유대인은 '책의 민족'이라 불리게 되었다.

타협

또, 네 집 문설주와 바깥문에 기록할지니라. 네 하나님 여호와께서 네 열조 아브라함과 이삭과 야곱을 향하여 네게 주리라 맹세하신 땅으로 너로 들어가게 하시고, 네가 건축하지 아니한 크고 아름다운 성읍을 얻게 하시며, 네가 채우지 아니한 아름다운 물건이 가득한 집을 얻게 하시며, 네가 파지 아니한 우물을 얻게 하시며 네가 심지 아니한 포도원과 감람나무를 얻게 하사 너로 배불리 먹게 하실 때에…. (신명기 제6장 제7-11절)

'집의 문설주'는 히브리어로 '메주사'라고 하는데, 오늘날에도 유대인들 집에는 메주사에 새끼손가락만 한 작은 상자를 못으로 박아 놓는다. 그리고 그 안에

▎쉐마 말씀을 넣은 각종 메주사. 이 메주사는 문설주 오른편에 규격에 맞게 단다.

▎각 문마다 메주사가 달려 있다(좌). 유대인은 드나들 때마다 이 메주사에 손을 댄 뒤 그 손을 입에 대어 키스한다(우). 여호와의 말씀이 송이꿀보다 더 달아 평생토록 빨아 먹어야 한다는 뜻이 있다.

최고의 기도·신명기 271

신명기 제6장 제4절에서 9절까지가 적힌 양피지를 넣어 놓는다. 편역자 주 양피지는 양의 가죽을 말려 종이처럼 만든 것을 말한다.*

이 상자는 언제나 45도 각도로 비스듬히 못 박혀 있다. 왜 이렇게 비스듬하게 못 박았을까? 어떤 사람은 수직으로 하라, 어떤 사람은 수평으로 하라 해서 타협한 결과, 비스듬히 못 박게 되었다. 이것은 유대인에게 타협이라는 것이 얼마나 중요한가를 가르쳐준다.

---

* 자세한 것은 《잃어버린 지상명령 쉐마》(현용수, 쉐마, 2006), 제1권 제3부 제2장 Ⅱ. 4. '쉐마교육의 방법' 참조.

유대인

또, 그들과 혼인하지 말지니 네 딸을 그 아들에게 주지 말 것이요. 그 딸로 네 며느리를 삼지 말 것은…. (신명기 제7장 제3절)

이스라엘은 아주 작은 나라인데다가 외국에 둘러싸여 있었으므로 외국인과 결혼한다는 것은 나라의 존립에 큰 위협이 되었다. 오늘날에도 같은 말을 할 수 있는데, 유대인이 다른 민족과 결혼하면 그 사람을 유대인으로 만들기 전에는 자녀가 유대인이 아닌 다른 민족의 아이가 되어버려 유대의 전통이 끊어진다.

그러므로 결혼 상대가 남자든 여자든 간에 반드시 유대인으로 만들라고 한다. 몇 명이라도 유대인이 될 수 있고,

유대인으로 태어난 사람이나 도중에 유대인이 된 사람이나 똑같은 유대인 취급을 받는다. 이 장은 유대인이 아닌 사람과 결혼하여 그 사람이 유대인이 되지 않을 때는 유대 사회가 위태로워진다는 교훈을 담고 있다.

먹는다는 것

네가 네 하나님 여호와께서 네게 주시는 땅에 이르러서 그 땅을 얻어 거할 때에, 만일 우리도 우리 주위의 열국 같이 우리 위에 왕을 세우리라는 뜻이 나거든 반드시 네 하나님 여호와의 택하신 자를 네 위에 왕으로 세울 것이며, 네 위에 왕을 세우려면 네 형제 중에서 한 사람으로 할 것이요, 네 형제 아닌 타국인을 네 위에 세우지 말 것이며, 왕 된 자는 말을 많이 두지 말 것이요, 말을 많이 얻으려고 그 백성을 애굽으로 돌아가게 말 것이니, 이는 여호와께서 너희에게 이르시기를 "너희가 이후에는 그 길로 다시 돌아가지 말 것이라." 하셨음이며, 아내를 많이 두어서 그 마음이 미혹되게 말 것이며, 은금을 자기를 위하여 많이 쌓지 말 것이니라. 그가 왕위에 오르거든 레위 사람 제사장 앞에 보관한 이 율법서를 등사하여, 평생에 자기 옆에 두고 읽어서 그 하나님 여호와 경외하기를 배우며, 이 율법의 모든 말과 이 규례를 지켜 행할 것이라. 그리하면 그의 마음이 그 형제 위에 교만하지 아니하고, 이 명령에서 떠나 좌로나 우로나 치우치지 아니하리니, 이스라엘 중에서 그와 그의 자손의 왕위에 있는 날이 장구하리라. (신명기 제17장 제14-20절)

유대인은 제한된 권력을 통치자에게 부여한 최초의 민족이다. 이것은 고대 사회에서 매우 혁명적인 사상이었다. 근대 사회에 이르기까지 이러한 사고방식은 어느 누구에게도 받아들여지지 않았다. 그러나 유대 세계에서는 왕보다 토라의 발언권이 강했다.

탈무드에는 유대인이 먹어도 좋은 음식과 먹어서는 안 되는 것을 가려 놓았다. 이는 먹는 것을 포함해서 일상생활의 모든 행위가 종교적인 의미가 있음을 나타낸다. 동물들은 먹기 위해 산다. 하지만 사람은 살기 위해 먹는다. 먹는다는 것은 삶의 일부이므로 이것은 종교적이 아닐 수 없다.

편역자 주 유대인의 절기는 먹는 것을 자신들의 종교적 전통에 최대한 이용한다. 안식일이나 유월절 같은 때에 그들의 가정에 가보면 너무나 잘 차려 먹는다. 즉 먹는 것을 인생의 의미를 찾는 종교교육에 최대한 이용한다. 이는 단지 육적 생존을 위해 먹는 동물적 식욕과 다르다. 따라서 위의 글은 인간이 먹는 것을 어떻게 의미 있는 인생을 사는 것과 결부시키는지에 따라 단지 본능적으로 먹기 위해 사는 동물과 구별된다는 것을 의미한다.

낭비

너희가 어느 성읍을 오랫동안 에워싸고 쳐서 취하려 할 때에도 도끼를 둘러 그곳의 나무를 작벌하지 말라. 이는 너희의 먹을 것이 될 것임이니 찍지 말라. 밭의 수목이 사람이냐 너희가 어찌 그것을 에워싸겠느냐. (신명기 제20장 제19절)

설사 전쟁을 하는 특별한 상황에서도 물건을 귀중하게 여기지 않으면 안 된다. 그리고 지나치게 파괴해서는 안 된다. 이 대목은 유대의 어머니들이 자녀에게 버릇을 가르칠 때 자주 읽어서 들려준다. 절대로 낭비하지 말고, 어떤 물건이라도 이유 없이 써서는 안 된다는 것을 가르치는 내용이기 때문이다. 유대의 어머니들은 이 말씀을 빌려 지우개 하나라도 귀하게 알고, 수돗물을 아껴 쓰며, 뚜렷한 이유가 없는 한 물건을 낭비해서는 안 된다는 것을 가르친다.

동물애

노중에서 나무에나 땅에 있는 새의 보금자리에 새 새끼나 알이 있고 어미 새가 그 새끼나 알을 품은 것을 만나거든, 그 어미 새와 새끼를 아울러 취하지 말고 어미는 반드시 놓아줄 것이요, 새끼는 취하여도 가하니 그리하면 네가 복을 누리고 장수하리라. (신명기 제22장 제6-7절)

너는 소와 나귀를 겨리하여 갈지 말며…. (신명기 제22장 제10절)

곡식 떠는 소의 입에 망을 씌우지 말지니라. (신명기 제25장 제4절)

토라는 대부분의 장과 절에서 유대인이 동물들에게 친절해야 한다고 가르친다. 이에 따라서 여러 가지 전통이 지켜지고 있다.

- 둥우리에서 알을 취할 때는 어미 새가 보고 있는 상황에서는 피하고 어미 새가 없을 때 하도록 한다.
- 동물은 일주일이 끝나는 날에는 휴식을 주지 않으면 안 된다.
- 먹이를 먹을 수 없게 되므로 절대로 입에 망을 씌워서는 안 된다.
- 힘센 동물과 힘이 약한 다른 동물 두 마리를 한 장소에서 일하게 해서는 안 된다. 이것은 강한 쪽이 앞장서서 끌고 가므로 약한 쪽의 동물에게 고통을 주기 때문이다.
- 동물을 먹기 위해 죽일 때는 고통 없이 죽여야 한다. 먹기 위해 죽이는 일은 허용된다. 하지만 사냥을 스포츠로 즐기는 일을 절대로 하지 않는다.

이자(利子)

네가 형제에게 꾸이거든 이식을 취하지 말지니 곧 돈의 이식, 식물의 이식, 무릇 이식을 낼 만한 것의 이식을 취하지 말 것이라. (신명기 제23장 제19절)

    이자에 대한 유대인들의 생각을 말해주는 대목이다. 어떤 돈이 타당한가가 문제가 된다. 이스라엘 땅에 들어왔을 때 유대인은 농경민족이어서 아직 상인이 없었다. 유대인이 아닌 사람들이 무역이나 교역에 종사했다. 그러므로 당시 유대인이 돈이 필요했다면 결코 투자하기 위해서가 아니라, 그해 수확이 빈약하여 연명하기 위해서였을 것이다. 이를테면 병에 걸렸거나 먹을 것이 부족해서 돈이 필요했던 것이다. 이러한 상황에서는 이자를 지불

할 수 없었다. 그러므로 고대 유대에서는 이자라는 것은 존재하지 않았다.

오늘날에도 온 세계의 유대인 사이에는 무이자협회라는 것이 있다. 물론 극동지방에도 있다. 이 돈은 병원의 치료비를 지불하지 못하거나 집세를 내지 못하거나, 식사를 할 수 없는 유대인에게 무이자로 대출되며, 압류 같은 것도 행하지 않는다.

그러나 사업을 확장하거나 투자하기 위해 돈을 빌릴 때는 이자를 붙이는 것이 당연히 허용된다. 이자 금지는 랍비들이 정했다. 같은 제23장 제20절에는 "외국인에게는 이자를 받고 빌려 주라."고 되어 있다. 이 경우 '외국인(타국인)'을 오늘날의 개념으로 생각해서는 안 된다. 당시의 외국인은 모두 상인이었다. 상인들이 돈을 빌릴 때는 장사를 더 크게 하기 위해서이므로 이자를 취해도 무방하다는 뜻이다.

곤경에 빠져 있는 유대인에게 무이자로 돈을 빌려 준다는 것은, 동시에 돈을 빌리지 않고도 될 만한 처지로 그 사람을 끌어올리려고 노력하는 일이다. 좀더 좋은 일자리를 알선해 준다든가, 좋은 일자리를 얻을 수 있도록 훈련시키는 일이 자주 병행된다. 유대인의 격언을 인용하면 "물고기를 한 마리 주면 하루를 지탱할 수 있지만 물고기를 어떻게 잡는가를 가르쳐주면 일생을 살 수 있다."는 격이 된다.

개인의 죄

아비는 그 자식들을 인하여 죽임을 당치 않을 것이요, 자식들은 그 아비를 인하여 죽임을 당치 않을 것이라. 각 사람은 자기 죄에 죽임을 당할 것이니라. (신명기 제24장 제16절)

고대에는 가족 가운데 한 사람이 죄를 범하면 가족 전체가 벌을 받는 관습이 있었고, 오늘날에도 이런 관습이 남아 있는 곳이 있다. 그러나 유대인들이 이미 이 시대에 연좌제를 금지시켰다는 것은 혁명적이다. 동시에 이는 개인의 책임을 확립시키는 일이기도 하다. **편역자 주** 한국에도 연좌제라는 것이 있었다. 이것은 온 가족에게 고통을 줄 수 있는 것이기에 신중하게 적용해야 한다.

단결

오늘날 너희 곧 너희 두령과 너희 지파와 너희 장로들과 너희 유사와 이스라엘 모든 남자와 너희 유아들과 너희 아내와 및 네 진중에 있는 객과 무릇 너를 위하여 나무를 패는 자로부터 물 긷는 자까지 다 너희 하나님 여호와 앞에 선 것은, 너의 하나님 여호와의 언약에 참예하며, 또 너의 하나님 여호와께서 오늘날 네게 향하여 하시는 맹세에 참예하여…. (신명기 제29장 제10-12절)

이는 모두 단결하여 일어서지 않으면 안 된다는 것을 강조한다. 즉 단결의 힘을 나타낸다. 작은 나뭇가지라도 하나일 때는 쉽게 부러지지만 100개의 나뭇가지를 꺾으려 하면 좀처럼 꺾기 힘든 법이다.

회당

온 이스라엘이 네 하나님 여호와 앞 그 택하신 곳에 모일 때에 이 율법을 낭독하여, 온 이스라엘로 듣게 할지니, 곧 백성의 남녀와 유치와 네 성안에 우거하는 타국인을 모으고 그들로 듣고 배우고 네 하나님 여호와를 경외하며, 이 율법의 모든 말씀을 지켜 행하게 하고…. (신명기 제31장 제11-12절)

토라가 유대인 전부에게 속하는 것임을 나타내는 말이다. 누구나가 예외 없이 이것을 배우지 않으면 안 된다. 반드시 7년마다 집회에서 누구에게나 들리는 큰 소리로 토라를 읽어야 한다.

오늘날에는 유대인이 회당에서 매주 토라(모세오경) 중

하나의 장과 절을 읽고 토라 안에 어떤 비밀이 없음을 나타내고, 누구나가 그것을 이해한다. 회당에서 모든 의식의 중심은 토라를 읽고, 연구하고, 해석하는 일이다.

신격화

벧브올 맞은편 모압 땅에 있는 골짜기에 장사되었고, 오늘까지 그 묘를 아는 자 없으니라. (신명기 제34장 제6절)

유대인은 인간을 신격화하는 일을 두려워했다. 이 시대에 다른 민족들 사이에서는 위대한 지도자를 신처럼 받드는 일이 흔했다. 회교를 마호메트교라고 하는 것처럼, 기독교도 원래는 그리스도(예수)라는 인간의 이름을 종교에 붙인 것이다. 모세는 자신이 신과 같이 여겨지는 것을 두려워했다. 그래서 모세 스스로 신격화되는 일을 피하려고 노력했다. 어떤 일이 있더라도 인간을 신과 혼동해서는 안 된다.

제6장
성경의 향기
Talmud

3명의 조상

유대인에게는 3명의 조상이 있다. 아브라함과 이삭과 야곱이다. 그러나 이들 세 사람은 '이스라엘의 아들'이라 불리지 결코 아브라함의 아들이라든가, 이삭의 아들이라고는 하지 않는다. 그렇다. 그들은 '이스라엘의 아들'이다.

왜냐하면 아브라함은 두 아들이 있었지만 한 아들밖에 아버지를 따르지 않았다. 이삭에게도 두 아들이 있었지만 한 아들밖에 그 아버지를 따르지 않았기 때문이다. 야곱에게는 열두 아들이 있었는데 모두가 그의 뒤를 따랐다.

아브라함은 개척자인 동시에 탐험가였다. 항상 호기심을 갖고 모든 것을 발견하려고 했다. 다른 사람이 언제나

바른 행동을 하기를 기대하지 않았다. 나쁜 행동을 하는 사람에게는 등을 돌렸다. 만일 그것이 옳은 일이라면 언제나 혼자서 하기를 원했다. 그래서 누군가가 자기 가까이 있는 것을 좋아하지 않았다.

그는 또 하나님이 유일신임을 믿은 최초의 사람이기도 했다. 이러한 그의 최초의 뜻을 본받아 유대인이라면 누구나 항상 마음을 열고 권위주의나 도그마에 빠지지 않으며, 호기심을 갖고 연구와 모험을 좋아하게 되었다.

아브라함의 아들 이삭의 인생은 극적이지 않았다. 유대인의 전통에 큰 공헌을 한 것 같지도 않다. 위대한 아버지를 가진 아들의 입장이 어렵다는 것을 나타내고 있다.

그런데 이삭은 매우 중요한 일을 한 가지 행했다. 아버지의 전통을 충실히 지키고, 이어받아 자신의 아들에게 물려주었다. 그는 우수한 전파자(傳播者)였다. 즉 전통에 생명의 등불을 켜서 유지시켰던 것이다. 이것은 유대인에게는 매우 중요한 일이다. 아브라함과 같은 천재는 아무나 될 수 없지만 이삭과 같은 전파자가 되는 일은 가능하다.

 야곱도 전파하는 데 소질이 있는 사람이었다. 그는 생존하기 위해 싸웠으므로 그만큼 그의 인생에는 많은 변화가 있었다. 그는 많은 경험에 의해 빠짐없이 예배소에 가서 그곳에서 생각하는 것을 배웠다. 그는 세계를 이해하는 데는 경이와 신비가 존재한다고 생각한 사람이었다.

 이들 세 타입의 조상은 유대인에게 매우 중요하다. 아브라함은 유대교가 중요하다는 사실을 아주 진지하게 생각한 사람이며 매우 지적이었다. 이삭은 전통의 전승과 보존에 힘썼다. 야곱은 전통을 경험하는 일을 우리들에게 가르쳐주었다.
 어느 경우에나 처음에는 이론이 필요하며, 그것을 지키고 키워서 실천할 필요가 있다는 것을 세 사람은 손수 보여주었다.

아브라함의 행동

혼자가 된다

성경에서 하나님은 아브라함에게 집이나 나라 밖으로 나가서 하늘이나 별과 같이 많은 것을 보라고 말한다. 인간은 가끔 자기 집이나 자신에게 익숙한 환경에서 뛰쳐나와 혼자가 되어 생각해볼 필요가 있다는 가르침이다. 일상생활에서도 마찬가지여서 가끔 자신을 해방시킬 필요가 있다.

하나님을 안다는 것은 결코 그것을 양친으로부터 이어받는 것이 아니라, 스스로 하나님을 구하는 것이다. 아브라함은 하나님이 존재한다는 것을 알게 된 뒤부터 자신의 생활에서 하나의 의의를 발견하게 된다. 하나님이 계심으로써 비로소 세계에는 목적이나 의미가 부여된다고 생각하게 된 것이다.

아브라함은 하나님이 축제일이나 슬플 때만이 아니라, 매일매일 인간생활이 영위되는 어디에서나 함께 계시다는 것을 발견하고, 종교라는 것을 일상화시켰다는 점에서도 위대한 업적을 남겼다.

혁명가

사람들은 흔히 혁명이라고 하면 폭력과 유혈을 수반하는 것이라고 생각하지만 조용한 혁명, 파괴나 죽음이나 투쟁이 없는 혁명도 있다. 그런 뜻에서 아브라함은 혁명가였다.

아브라함이 남긴 업적은 오늘날에도 우리에게 큰 영향을 미치고 있다. 그는 자신의 세계를 초월할 수가 있었다.

먼저 그는 나무, 돌, 동물 같은 우상을 부정하고 유일신을 주장했다. 아브라함이 정복도 하지 않고 제국(帝國)

을 건설하지 않았는데도 위대한 업적을 남겼다고 함은 그 때문이다. 그는 군대나 무기를 가지고 있지 않았지만 훌륭한 사상을 가지고 있었다. 그는 힘이나 부(富)로 위대해진 것이 아니라 그의 신념으로 위인이 되었다. 이것은 인류 역사상 처음이며 참으로 획기적인 것이기도 했다.

아브라함은 또 매사에 의문을 품고 호기심이 넘치는 마음으로 모든 것을 스스로 조사하고 탐험하라고 가르쳤다. 그는 모든 일에 질문을 던지고, 다른 의견을 그대로 받아들이지 않고, 이 세상에서 당연하다고 생각되는 것에 도전했다. 그가 우상숭배를 부정했을 때 그 주장을 지지하는 사람은 하나도 없었다. 히브리어라는 말은 원래는 '이브리'라고 한다. 이것은 무언가에 대해 자기 혼자서 다른 쪽에 선다는 뜻이다.

아브라함의 종교는 온 세계에 통용되었다. 고대 사회의 지도자는 그 지위를 세습으로 얻거나 싸워서 얻었지만, 아브라함은 하나의 교의를 가르침으로써 지도자로서의 지위를 획득한 최초의 사람이다.

오늘날의 세계에서도 군대를 장악하고 있다든가 양친

으로부터 이어받은 부나 권력으로 지도자가 된 사람은 많지만, 유대인들은 결코 그것을 인정하지 않는다. 지도자라는 지위는 자신의 실력으로 얻은 열매가 아니어서는 안 된다.

우상

아브라함의 아버지는 우상을 만들어 파는 일을 했다. 어느 날 아버지가 외출하면서 아브라함에게 잠시 가게를 맡겼다. 잠시 후 한 남자가 찾아와 집을 수호하는 우상이 한 개 필요하다고 했다. 아브라함이 돌로 만든 우상 중에서 아주 무시무시한 형상을 하고 힘이 세어 보이는 것을 꺼내어 주자 손님은 매우 기뻐했다. 그러자 아브라함은 손님에게 물었다.

"몇 살이십니까?"

"쉰 살이며, 30년 동안 군인으로 있었습니다."

"그런 바보 같은 일이 어디 있습니까? 저의 아버지가

이 우상을 조각한 것은 일주일 전이므로 이것은 아주 젊은 우상입니다. 당신은 30년 동안이나 군인으로 계셨습니다. 그런 분이 집을 지키는 데 태어난 지 일주일밖에 안 된 돌조각이 필요합니까? 이런 건 우습게 보이는데요."

아브라함의 말을 듣고 손님은 화를 내고 돌아가버렸다. 이윽고 나이 든 여자 손님이 들어왔다.

"우리 집에 도둑이 들어 내가 섬기는 우상을 훔쳐 가서 새로운 것을 사고 싶어요."

아브라함이 "당신의 우상은 자기 자신도 지키지 못하는군요."라며 웃자 그 여자는 화를 내고 돌아가버렸다.

아브라함은 아버지의 가게 안에 진열된 우상들을 도끼로 모두 부수었다. 그리고 가장 큰 우상 하나만을 남겨 그 손에 도끼를 쥐어 놓았다. 얼마 후 그의 아버지가 돌아와 가게 안을 보고 깜짝 놀라며 아들에게 물었다.

"도대체 어찌 된 일이냐?"

"이 우상들이 갑자기 배가 고프다고 해서, 저는 먹을 것을 가지고 왔습니다. 그러자 가장 큰 우상이 먹을 것을 독차지하려고 다른 우상들을 때려 부수고 말았습니다."

"이런 우상이 아무 일도 할 수 없다는 사실을 너도 알고 있지 않느냐. 그들은 먹을 수도, 걸을 수도, 더구나 다른 우상을 때려 부수는 일은 할 수 없단다."

"아버님의 귀가 아버님의 말씀을 들었으면 합니다."

왜냐하면 아브라함의 아버지도 역시 우상의 존재를 믿고 있었기 때문이었다. 이것은 아브라함이 어떻게 하나님을 발견했는가에 대한 이야기이며, 유대인 양친이 자녀들에게 처음 들려주는 이야기이기도 하다.

야곱의 행동

3가지 해석

야곱이 가족과 함께 이스라엘로 돌아가려고 했을 때 그의 쌍둥이 형제 에서를 만나볼 필요가 있었다. 그는 야곱의 적이었다. 에서는 야곱과 전적으로 다른 타입의 인간이었다.

야곱은 도착한 날 밤 꿈을 꾸었는데, 밤새껏 누군가와 자는 꿈이었다. 그리고 잠이 깨자 야곱은 아주 다른 사람이 되어 있었다. 즉 아주 다르게 행동했다. 그래서 후세의 랍비들은 도대체 누가 꿈속에서 야곱과 함께 잤는가, 또 그의 적이란 누구인가를 이해하려고 했다.

하나의 해답으로, 그의 적이란 우상을 믿는 인간이었

다는 설이 있다. 사람들은 우상을 믿으려는 경향이 있고, 참다운 신앙은 거들떠보지 않으려 한다. 이러한 경향에 대해 항상 싸울 자세가 필요하다. 흔히 인간은 자신의 필요성, 자신의 쾌락, 자신의 편리만을 찾기 쉽다.

우상을 사랑하면서 하나님을 사랑할 수는 없다. 우상은 돈이기도 하며 쾌락이기도 하고 권력이기도 하며 유명해지려는 마음이기도 하며, 여하튼 하나님의 뜻과 반대되는 모든 것들이다. 인간은 이러한 경향에 대해 끊임없이 싸울 자세를 갖지 않으면 안 된다.

두 번째 해석은 야곱의 적이란 학식 있는 사람이었다는 설이다. 그래서 배우는 것은 지혜 또는 학문조차도 두려워해야 한다고 생각했다. 이들도 가끔 악용될 경우가 있기 때문이다.

우리가 지혜에 대해 주의해야 할 것은 아주 조금밖에 모르면서 모든 것을 알고 있는 듯한 착각에 빠지는 일이다. 예를 들어 러시아의 우주비행사가 우주 비행을 하고 나서 "하늘에 가서 하나님을 찾아보았지만 하나님은 없었다. 그러므로 하나님이란 없다."라고 말했다고 하자. 이것은 과학의 위대한 공적일지도 모르며 인간의 지혜일지 모른다. 하지만 악용된 지혜인 것이다.

지혜는 인간 파괴 기계, 즉 인간을 죽이기 위한 수단도 만들어낸다. 그러나 학문적인 지식은 그러한 것과 끊임없이 싸울 자세를 갖지 않으면 안 된다는 사실을 가르치고 있다는 설이다.

세 번째 해석은, 꿈속에서 무기를 잡으려 하고 도둑과 싸웠다는 설이다. 이것은 모든 인간의 마음속에서, 가장 평화로운 인간의 마음속에서조차 폭력에 대한 잠재적인 욕망이 있음을 나타낸다. 모든 인간이 폭력을 휘두를 수 있다는 잠재적인 의식을 가지고 있으므로, 인간은 끊임없이 자신을 억제해야 한다.

시나이

야곱은 숙부와 함께 살기 위해 이스라엘을 떠났을 때, 또 꿈을 꾸었다. 이번에는 꿈속에서 하늘에 닿는 사다리가 나타났다. 랍비의 해석에 따르면 사다리에 대한 수사적인 뜻은 '시나이'라는 말과 같다. 그러므로 십계명이 주어진 시내 산과 사다리는 같은 뜻이다. 즉 '인간을 높인다'는 뜻이다.

하늘에 닿는 사다리

야곱은 위대한 국민의 아버지가 되기로 약속받은, 매우 중요한 인물이었다. 그런데 갑자기 양친과 헤어져 그대로 생이별하고 말았다. 어린 나이에 이스라엘을 떠나 위험한 적지를 통과해야 했고, 자주 위험한 처지에 빠지기도 했다. 돈도 없었다.

첫날 밤, 그는 어디서 자야 할지 몰랐으므로 돌을 베고

자다가 꿈속에서 사다리를 보았다. 사다리는 하늘에 닿아 있었다. 하나님의 사자는 그 사다리를 타고 이 땅을 오르내리고 있었다.

눈을 뜬 야곱은 몹시 놀랐다. 이 꿈을 자신의 인생에서 가장 중요한 일로 기억해두기로 했다. 꿈을 통해 야곱은 인간이 어디에서나 하나님을 발견할 수 있음을 배웠다. 예를 들어 돌을 베고 자야 하는 이상한 장소에서도 하나님을 발견할 수 있는 것이다.

고대 사람들은 대부분 부족 신을 믿었고, 그들이 믿는 신이 어디에나 있다고 생각하지는 않았다. 그런데 야곱은 하나님이 어디에나 존재하심을 알아냈다. 이는 그의 인생에서 얻은 가장 중요한 교훈 중 하나였다.

요셉의 행동

자기 개조

야곱에게는 12명의 아들이 있었는데 그중에서 특히 요셉을 사랑했다. 그래서 다른 형제들은 요셉에게 반감을 품고 있었다. 요셉은 대단한 몽상가였으므로 가끔 몹시 이기적인 꿈을 꾸었다. 형제들이 나쁜 짓을 하면 요셉은 반드시 아버지에게 일러바치는, 고자질쟁이였다. 그래서 형제들은 점점 더 요셉을 미워하게 되었다.

어느 날 요셉은 양 떼를 감독하고 있는 형들이 어떻게 하고 있는가 보고 오라는 아버지의 지시를 받았다. 형제들은 멀리서 요셉이 걸어오는 것을 보고 몹시 격분하여 요셉을 발가벗긴 다음 큰 웅덩이에 던져버렸다. 지나가는 상인이 그런 요셉을 건져내어 노예로 팔아버렸다.

요셉은 노예로 이집트에 끌려갔지만 이집트 바로 왕에게 발탁되어 재상의 지위까지 올라간다. 그가 재상이 된 것은 꿈을 꾼 뒤 바로 왕에게 다음과 같이 충고했기 때문이었다.

"이집트는 앞으로 7년 동안 풍년이 계속되겠지만 그 후 7년 동안 대기근이 닥칩니다. 따라서 당신은 창고를 많이 지어서 풍년일 때 수확한 곡식을 저장해 두십시오."

재상이 된 요셉은 이집트의 경제 계획을 담당했다. 그때 그는 이십 대 청년에 불과했다. 요셉의 가슴속에는 형제들에 대한 복수심이 불타고 있었다. 기회만 있으면 복수하겠다고 마음속으로 다짐하고 있었다. 그때 이스라엘에도 대기근이 들어 요셉의 형제들은 식량을 구하기 위해 이집트로 왔다. 요셉은 형제들에게 복수할 기회가 생겼지만 하지 않았다.

이 교훈은 인간에게는 자신의 성격을 바꿀 수 있는 능력이 있음을 보여준다. 요셉은 증오라는 감옥에 갇혔다가 스스로 그 감옥에서 빠져나왔다. 요셉은 증오심에 가득한 삶에서 빠져나올 수 있었다. 자기 자신을 바꾸어놓았다는 점에서 유대인들은 요셉을 위대한 사람이라고 생각한다.

요셉이 바뀌자 요셉의 형제들도 변했다. 한 형제는 막내 벤자민을 위해 자진해서 전쟁터에 나갔다. 형제들은 이미 요셉을 노예로 팔아넘기는 죄를 범했기에 두 번 다시 잘못을 저질러서는 안 된다고 생각했다. 마침내 요셉과 형제들은 굳은 신뢰를 쌓는다.

편견과 증오

유대인은 요셉과 형제들의 대립과 증오심을 통해 편견이라는 악(惡)에 대해 배웠다. 요셉의 아버지는 유별나게 요셉만을 사랑하고 선물도 많이 주었으므로 형제들은 그를 몹시 미워했다.

어느 날 형제들이 양을 보살피러 2,3일 간 밖에 머물게 되자 아버지는 요셉에게 형들이 일을 잘하는지 보고 오라고 심부름을 시킨다. 요셉은 형제들을 찾았지만 보이지 않았다. 도중에 만난 사람이 요셉에게 누구를 찾고 있느냐고 물었다. 형제들을 찾는다는 요셉의 말에 그 사람은 "여기엔 없다. 양을 도탄이라는 곳으로 끌고 가자고 형제들이 말하더라."라고 했다. 그가 말하는 곳으로 갔더니 형제들을 찾을 수 있었다. 형제들은 멀리서 걸어오는 요셉을 보고는 가까이 오기 전에 그를 어떻게 할 것인가를 의논했다.

랍비들은 이 이야기에서 2가지를 배웠다. 먼저 도중에 만난 사람은 요셉에게 형제들이 여기에 있지 않다, 가버렸다고 말한다. 히브리어로 된 부분을 자세히 살펴보면, "일곱 형제들은 여기(here)를 떠났다."고 하지 않고, 오히려 "이것(this)을 떠났다."고 되어 있다. 매우 이상한 표현이다. 이것(this)이란 어디를 뜻하는 것일까?

랍비들의 말을 빌리면 이것은 형제의 굴레가 떨어졌음을 뜻한다. 요셉이 형제를 찾고 있다고 했을 때, 남자가 "이것을 떠났다."고 말한 것은, 그들이 형제라는 굴레를 벗어버리고 멀리 가버렸음을 의미한다.

이것이 다른 사람에 대한 편견의 시작이고, 형제애가

없어진 것은 증오의 시작이었다. 형제애가 있었으면 미워하는 일은 없었을 것이다. 형제들이 멀리서 요셉을 발견했다는 것 또한 문제다. 사람들은 누군가를 멀리서 바라볼 때, 즉 그 사람에게 가까이 가려고 하지 않을 때 그를 제대로 이해할 수 없다. 증오는 점점 커진다. 멀리서 사람을 볼 때 이미 그곳에 편견이 싹트고 있는 것이다.

그 남자는 형제들이 "도탄에 갔다."고 했으며 요셉은 형제들을 도탄에서 발견했다고 하는데, 도탄이라는 장소는 어디에도 없다. 오늘날 도탄을 찾아보려고 해도 찾을 수가 없다. 아무런 역사적인 증거도 없다. 그래서 랍비들인 도탄이 실제 장소가 아니라 어떤 사상을 나타내는 것이라고 해석했다. 즉 장소가 아니라, 다른 종교나 신앙 또는 법률이었는지도 모른다.

형제들은 요셉에 대한 자신들의 잘못된 태도를 합법화하려고 노력했는지도 모른다. 또, 그를 미워하는 욕망을 정당화시키려고 했다.

이 모든 것이 항상 증오에서 비롯된다. 당신이 누군가를 미워하면 먼저 그것을 정당화시키려는 변론을 전개한다. 그리고 미워하는 자와 미움을 당하는 자가 점점 더 적대적으로 대하게 된다.

권력과 기피

요셉은 매우 뛰어난 경제 정책 입안자였다. 역사상 처음으로 모든 장래의 계획, 미래의 계획이라는 것을 생각한 사람이다. 이집트의 경제 계획은 실행하기 14년 전에 완성되었다. 그러나 성경에서 요셉의 경제적인 실적은 겨우 1,2행의 기록에 그치는 반면 그의 종교적인 사상에 대해서는 2~3쪽을 할애하고 있다.

이것은 종교적인 사상이 경제적인 업적보다 중요함을 말해준다. 요셉은 이집트에서 정치적으로 중요한 인물이 되었고 경제를 장악했다. 그러나 요셉은 정치 권력의 교만함을 가르쳤다. 권력이 인간을 퇴폐시킨다는 사실을 알고 있던 그는, 결코 권력을 악용하거나 남용하지 않았다. 권력을 이용하여 하인이나 아랫사람을 박해하는 일도 없었고, 한때 그의 적이나 다름없었던 형제들조차 권력을 이용하여 탄압하는 일은 하지 않았다.

여자의 유혹

요셉이 이집트에서 여자의 유혹을 받았을 때, 그는 스무 살 안팎의 미혼인 노예였다. 노예들에게는 도덕이란 것이 없다. 당시 사회가 문란했으므로 여주인이 그를 유혹한 것은 특별한 일도 아니었다.

문제는 그가 어떻게 "아니오."라고 거절할 수 있었는가다. 랍비들은 이 문제에 대해 지금까지도 논쟁하고 있다. 어떤 랍비는 요셉이 매우 종교적으로 독실했고 도덕적이므로 성적인 것을 생각하지도 않는 고결한 인간이었다고 했다.

그러자 다른 랍비가 반론을 폈다. 바보 같은 소리는 하지도 마라, 요셉도 보통 인간과 다를 바 없다. 그의 시대에는 프로이트의 이론을 적용할 필요도 없이 성적 욕구가 매우 강했다. 요셉도 아름다운 여자로부터 유혹을 받았을 때 다른 청년과 마찬가지로 여자를 원했을 것이다. 그럼에도 불구하고 구태여 "아니오."라고 말한 것은 머릿속에 아버지의 모습이 떠올랐기 때문이었다.

그것은 아버지의 이미지였을 뿐만 아니라 유대인 전체의 이미지였다. 단지 인간이 아니라, 또는 동물이 아니라, 아브라함이나 이삭과 야곱의 자손이라는 긍지였다. 높은 도덕적 수준을 지니지 않으면 안 된다는 책임을 그는 느끼고 있었다. "너는 누구란 말인가?"라는 자기 자신에 대한 물음이 그로 하여금 '아니오'라고 말할 용기를 주었던 것이다.

이 이야기는 오늘날에도 유대인이 보통교육을 받을 때 자주 인용되고 있다. 유대인은 어린이들에게 너희는 이러한 야곱의 자손이므로 높은 도덕적 수준을 가져야 한다고 가르친다.

모세

유대인이라는 것

모세는 정치가이며 외교관인 동시에 뛰어난 조직가였다. 사람들을 이끌고 유대인을 해방시킬 만큼 조직력을 갖추었고, 한편으로는 스스로 법률을 만들어 재판관이 되었고, 군대를 지휘하는 장군이기도 했다. 그는 주위 사람들에게 큰 영향을 주었고, 무한한 인내심을 가진 박애주의자였다.

모세에 관한 유명한 일화가 있다. 그는 어릴 때 나일 강에 버려졌다. 이집트 바로 왕의 압제 때문에 유대인들은 남자 아이를 나일 강에 버리지 않으면 안 되었다. 모세는 작은 바구니에 넣어져 강에 버려졌는데 마침 바로의 딸이 이 바구니를 발견했다. 바로의 딸은 아기를 꺼내어 모세라고 이름을 짓고 친자식처럼 키웠다.

모세라는 말은 '물속에서 꺼낸다'는 뜻이다. 이 이름을 놓고 논란이 있다. 사실 과거형으로 '물속에서 꺼냈다.'고 해야 하는데 '물속에서 꺼낸다'는 현재형을 썼다는 것이다. 여기에는 모세가 단지 과거 속의 교육자가 아니라 지금 우리에게도 여러 가지를 가르쳐주는 교육자라는 중요한 의미가 있다.

모세는 항상 압박하는 자로부터 피압박자를 도왔다. 그는 양치기로 인생을 시작하여 양을 보살피는 법을 배웠다. 이와 관련해서도 일화가 전해진다. 모세는 열심히 새끼 양을 쫓았다. 그러나 그 새끼 양이 몹시 목말라 하는 것을 알자 가엾은 생각이 들어 안고서 돌아왔다. 하나님은 모세가 양을 잘 보살피는 것처럼 인간의 지도자로서도 충분히 잘해나갈 수 있으리라 판단했다.

모세는 또 자신이 왕궁에서 자랐다는 사실을 경멸했고, 결과적으로 왕궁을 떠났다. 모세의 형제들 모두 양치기였다는 것은, 모세가 모든 살아 있는 자에게 연민의 정을 나타냈다는 사실을 보여주고 있다. <mark>편역자 주</mark> 높은 위치인 왕궁에서는 진정한 인간의 냄새를 맡을 수 없다는 뜻이다. 힘든 노동을 할 때 힘든 노동자의 사정을 이해하고 그들을 사랑할 수 있다. 이것은 양들을 칠 때 양의 속성을 알며 양을 사랑할 수 있다는 것과 동일하다.

모세는 유대민족의 지도자였다. 유대인을 시내 산으로 이끌고 가서 마침내 이스라엘로 인도했다. 하지만 정작 자신은 이스라엘로 들어가지 못했다.

위대한 지도자인 모세에게 어째서 이스라엘에 들어가는 일이 허용되지 않았는가에 대해, 후세의 랍비들은 혹시 모세가 나쁜 짓을 한 게 아닐까 생각했다.

모세는 이집트의 바로 왕을 떠나 유대인의 보호자가 되어 미디안이라는 곳으로 도망쳤다. 미디안에서 양치기들이 양을 몰고 와 물을 마시게 하는 것을 보았다. 처음 그곳에 나타난 것은 양치는 여자들이었다. 그런데 남자 양치기들이 나타나서 여자 양치기들을 밀어내고, 너희들은 나중에 물을 먹여야 한다고 말했다. 그러자 여자들은 뒤로 물러섰다. 이것을 본 모세는 먼저 온 사람이 당연히 먼저 양들에게 물을 먹일 권리가 있다며 여자들을 옹호

했다.

모세 덕분에 먼저 물을 먹이고 돌아온 딸들에게 아버지는 어떻게 일찍 돌아올 수 있었느냐고 물었다. 딸들은 어떤 이집트 사람이 도와주어서 양들에게 물을 빨리 먹일 수 있었다고 대답했다.

그러자 아버지는 이집트 사람이 그런 일을 할 리가 없다고 생각하고, 도대체 누굴까 하고 보러 갔다. 처음에 모세는 자신을 이집트 사람이라고 소개했다. 그러나 이야기를 나누는 동안 모세가 유대인이라는 것이 알려졌다.

여기에서 깊이 생각해볼 것이 있다. 모세가 처음에 유대인이라는 자신의 정체성을 숨긴 것은 큰 잘못이다. 이것이 후일 모세가 유대인 나라(가나안)에 입국이 허용되지 않은 이유 중 하나가 아니었을까 하고 랍비들은 해석한다. 자신이 유대인이 아니라고 숨기는 것은 큰 죄이며 수치인 것이다.

후세에 유대인이 자신은 유대인이 아니라고 속인 일이 몇 번 있었다. 이름을 바꾸고 유대인이 아닌 것처럼 행동함으로써 박해를 벗어나기도 했다. 그러나 노예일 때 유대인은 육체적으로는 괴로웠을지 모르나 결코 그 이름을 바꾸지 않았으며, 언어도 바꾸지 않았고, 옷차림이나 스타일도 바꾸는 사람이 거의 없었다. 그 결과 노예 상태에서도 유대인이라는 긍지를 잃지 않았다. 이스라엘 땅에 들어가지 못한 모세의 이 교훈은, 여하한 상황에서도 유대인임을 부정해서는 안 된다는 것을 가르쳐준다.

지도자와 가시덤불

이집트의 바로 왕 궁전에서 왕자로 자란 모세는 성장하면서 자신이 유대인이라는 것을 강하게 의식하게 되고, 다른 유대인들이 어떤 상태에 있는가를 생각했다.

이 무렵 유대인들은 이집트에서 노예생활을 하고 있었다. 모세는 궁전 밖에 나왔다가 이집트 인 감독이 유대인 노예를 채찍으로 때리는 것을 보았다. 모세는 때리는 것을 중단하라고 했지만, 감독은 모세의 명령에 따르지 않았다. 그는 감독에게 달려들어 그를 죽이고 말았다.

살인을 하고 쫓기는 몸이 된 모세는 아라비아로 도망쳤다. 아라비아에서 그는 양치기로 생계를 이어가며 아라비아 인 성직자의 딸을 아내로 맞이했다.

어느 날 그가 양치기를 데리고 걷고 있을 때 들판이 불타고 있는 것을 보았다. 불길이 아무리 거세도 들판을 다 태워버릴 수는 없었다. 모세는 불타고 있는 것이 어떤 풀인지 보러 갔다.

여기서 문제가 되는 것은 어떤 풀이었는가다. 아름다운 꽃을 피우는 장미 덩굴인가, 먹을 수 있는 열매가 달리는 풀인가. 그런데 그 풀은 가시가 있고 꽃도 피지 않고 열매도 맺지 않아 아무짝에도 쓸모없는 가시덤불이었다. 만일 그 안에 손을 넣으면 상처를 입게 되는 가시덤불이었던 것이다.

모세는 여기서 아주 많은 것을 배웠다. 아무짝에도 쓸모없는 가시덤불에서 모세는 무엇을 배웠는가? 역사상 위대한 지도자들이 아주 중대한 것을 배울 때는, 우레 소리가 나거나 번갯불이 번쩍이거나 여러 가지 천변지변(天變地變)이 동반되는 일이 많지만, 그런 것들은 없었다.

유대인의 해석에 의하면, 평범한 사람들이 거리를 걷다가 넘어지거나 자질구레한 것들을 도난당하는 사건, 즉 전혀 역사에 남지 않는 사건이라 해도 그것은 하나님이 그 사람에게 매우 신경을 쓰고 있다는 증거가 된다. 모세가 양치기라는 하찮은 신분에다가 이름도 없는 가시덤불이 불타고 있을 때 선택된 것은, 아무렇지 않은 것 같지만 매우 중요한 일이며, 이 세상에서 극적인 것만이 중요한 것은 아님을 가르쳐주고 있다.

당시 유대인은 노예였으므로 누구나 하찮은 인간이었다. 당시의 역사는 왕후 귀족이 만드는 것이었으므로 하나님이 노예인 유대인들에게 관심을 갖고 걱정하신다고 해도 아무도 믿지 않았다. 그래서 쓸모없는 들판의 가시덤불이 불타오르고, 한낱 양치기에 불과했던 모세가 하나님으로부터 가르침을 받았다는 것은 아주 뜻 깊은 일이다.

아무짝에도 쓸모없는 가시덤불이 불타고 있었다는 것은 또 당시의 유대인을 상징하는 것이기도 했다. 가시덤불이 아무짝에도 쓸모가 없는 것처럼 유대인 역시 쓸모없는 존재였다. 하지만 그 가시덤불을 뽑아버리려고 한다면 손에 상처를 입는다. 쓸모없는 유대인이라도 노예로 삼으려고 하면, 유대인을 노예로 삼은 민족은 반드시 상처를 입는다. 또, 이 가시덤불을 불태워버리려고 해도 다 불태울 수 없다는 것은 유대인을 근절시킬 수 없음을 나타내고 있다.

화내는 일

 모세의 특징은 첫째, 독립 자존(獨立自尊)이다. 모세는 다른 사람과 아주 다른 점이 있었다. 그는 다른 사람이 정리해놓은 사상을 그대로 이어받지 않고, 스스로 생각하고 연구해서, 하나의 독특한 사상을 만들어냈다. 그는 이집트의 왕궁 안에서 마치 왕의 아들과 같은 대우를 받고 키워졌다. 그런데 그의 사상은 전혀 달랐다.
 또 한 가지 그가 위대한 것은 그를 둘러싸고 있는 현 상황에서 동떨어져 있지 않다는 것이었다. 그는 몽상주의자

였지만 꿈만 꾸고 행동으로 옮기지 않는 일은 하지 않았다. 아주 실천적이어서 현실 사회에 맞게 행동했다.

이집트의 왕궁에서 자랄 때, 그는 자기 백성들이 사는 상황을 보러 왕궁 밖으로 나갔다. 왕궁을 떠나 있을 때는 자신의 동족들(그들은 모두가 노예였다)과 함께 있었다. 따라서 그는 자신의 쾌락을 위해 산 것은 아니었다.

그의 특성 중 하나는 화낼 줄 몰랐다는 것이다. 대개의 경우 나쁜 일을 보더라도 화내는 일이 없었다. 그렇지만 모세는 그것에 항의하고 그것에 대항해서 싸웠다. 대부분의 사람은 무사 안일주의적인 생활을 했지만 그는 때로 크게 격분했다. 편역자 주 모세는 다른 일에는 비교적 화를 내지 않았지만, 자신의 민족이 부당하게 매를 맞는 모습에는 분개했다는 뜻이다. 그만큼 동족을 사랑했다.

알려지지 않은 매장지

하나님에 대한 모세의 충성심에 대해서는 앞에서도 언

급했지만, 모세가 인간의 어버이로부터 태어났다는 사실이 크게 강조되고 있다. 모세가 유대인의 지도자가 된 것은 하나님에 의해 그렇게 정해져 있었기 때문이었다.

유대인은 어떤 특정한 인간을 신으로 숭배하지 말라는 가르침을 받았으며, 항상 그것에 주의하고 있었다.

오늘날 존재하는 세계의 위대한 종교, 예를 들어 불교, 회교, 기독교, 조로아스터교 등은 모두가 사람의 이름을 딴 종교다. 인간이 신으로서 숭배되고 있다. 그러나 유대인 사이에는 모세교라는 것이 있을 수 없었다. 우리는 모세를 인간으로 인정하며 그가 인간인 부모에게서 태어났다는 사실을 믿고 있다.

우리는 모세가 죽어서 묻힌 장소를 알지 못한다. 만약 알았다면 그를 숭배하는 사람들이 무덤을 성지로 정하고 순례하는 것처럼 그곳을 방문하게 되었을 것이다. 그것을 피하기 위해 우리는 그곳을 마음속에 남겨 두었을 뿐, 어떤 가시적인 장소로 정해 놓지 않았다.

영원한 생명: 같은 날에 죽고 같은 날에 태어났다

모세는 같은 날에 죽고 같은 날에 태어났다. 즉 탄생일에 죽었던 것이다. 이것은 아다르 달의 7일째, 아마도 양력 2월이나 3월에 해당된다.

유대인들이 모세의 죽음에 대해 말할 때 모세는 같은 날에 죽고, 같은 날에 태어났다고 한다. 보통 개념으로는 탄생을 먼저 말하지만, 그들은 반대로 말한다. 이는 그들에게 모세가 죽지 않았음을 뜻한다. 모세의 개념은 유대인과 함께 계속 살아가고 있다. 진실된 것, 올바른 것은 절대로 죽어 없어지지 않음을 나타낸다.

제7장
성경의 울림
Talmud

최초의 문자

창세기는 한글의 '그'(ㄱ)와 비슷한 모양의 문자로 시작된다. 히브리어 B에 해당하는 문자다. 오랫동안 유대의 랍비나 유대인들은 알파벳의 여러 글자 가운데에서 왜 유독 이 글자로 성경이 시작될까를 연구했다.

요컨대 성경에서는 단 한 글자에서도 배울 게 있다. 이는 만일 맨 첫 글자에서부터 무언가를 배울 수 있다면 그 다음 계속되는 1행, 2행, 3행, 1쪽, 2쪽, 3쪽, 1장, 2장, 3장의 성경 속에서는 더 많은 것을 배울 수 있다는 하나의 마음가짐을 나타낸다는 의견도 있다.

어째서 히브리어의 두 번째 문자인 베트(ב=B)가 성경의 맨 처음 글자로 선택된 것일까? 그것은 A에 해당하는 알레프(א=A)가 '저주'라는 의미를 갖고 있는 데 반해 베트는 '축복'을 뜻하는 문자이므로, 알레프를 피하고 베트가 선택된 것이다.

> ב=B א=A

'베트'의 형태를 보면 3획 안에 갇혀 있다. 위와 오른쪽, 아래가 닫혀 있고 좌측은 열린 상태다. 위가 닫혀 있는 이유는 이렇다. 위에는 하나님이 계신데 일생 동안 하나님이 어떤 분인가를 생각하는 데 시간을 낭비해서는 안 된다는 것을 나타낸다. 즉 하나님에 대해 생각만 하지 말고 그의 말씀을 실천하여 더 좋은 세상을 만들기 위해 앞으로 전진하라는 뜻이다.

아래 선은 일생 동안 죽음에 대해 생각만 하며 시간을 낭비해서는 안 된다는 것을 나타낸다. 죽음에 대해 생각만 하지 말고 하나님의 말씀을 실천하여 더 좋은 세상을 만들기 위해 앞으로 전진하라는 뜻이다.

막혀 있는 오른쪽은 뒤, 즉 우리의 과거를 상징한다. 자신이 뒤에 남기고 온 과거에 매달려 나머지 인생의 귀한 시간을 빼앗겨서는 안 된다는 것을 말해준다. 왼쪽이 열려 있는 이유는 쓸데없는 것에 얽매이지 말고 앞으로 나아가라는 뜻이다. 히브리어는 오른쪽에서 시작하여 왼쪽으로 써 나간다. 따라서 왼쪽이 전진하는 방향이다.

편역자 주 결론적으로 말한다면, 유대주의는 깊게 생각하는 것도 중요하지만 더 중요한 것은 실천이라고 본다. 생각만 하지 말고 더 좋은 세상을 만들기 위해 행동하라는 것을 가르친다. 그들이 토라와 탈무드를 그렇게 열심히 연구하는 것도 하나님의 말씀을 바르게 실천하기 위함이다. 그리고 '알파벳'이라는 말은 히브리어의 A인 '알레프'와 B의 '베트'를 합친 것이다.

토라

하나님이 이 세상을 만들 때는 물론 한 가지 구상이 있으셨다. 그 계획은 성경 또는 히브리어로 말하는 '토라'에 나타나 있다. 토라는 성경의 첫 다섯 책인 창세기, 출애굽기, 레위기, 민수기, 신명기를 가리킨다.

토라는 정의로 가득 찬 바람직한 사회를 만드는 계획서다. 이 계획을 보는 자는 좋은 것과 나쁜 것을 분간할 수 있는 능력을 갖추게 된다. 하나님은 정의가 넘치는 좋은 세상, 그곳에 사는 선량한 사람들이 선악을 분간할 수 있는 세상을 만들고자 하셨다.

이 토라 가운데 창세기에서는 하나님을 가리키는 말로 2가지 다른 히브리어가 쓰이고 있다. 하나는 '정의(Justice)'를 뜻하며, 또 하나는 '자비(Compassion)'를 뜻한다. 이는 이 세상이 '정의'만 가지고는 만들어질 수 없음을 나타낸다. 매사에 무턱대고 정의만 내세우고 지켜야 한다면 살아갈 수 없기 때문이다. 엄격하게 정의만 실현시키고자 한다면, 한 번 죄를 범한 사람은 두 번 다시 용서받지 못할 것이다. 반대로 이 세상이 자비로만 지배된다면 결국 악의 손에 떨어지고 말 것이다. 그래서 하나님은 정의와 자비를 한데 섞은 세상을 만들었다.

정의라는 뜻의 히브리어는 '엘로힘'인데, '자비'라는 히브리어는 철자는 알고 있지만, 어떻게 발음하는지 알 수 없다. 그것은 '자비'로 표현되는 하나님의 이름이 너무 신성해서 옛 유대인 성전에서는 대제사장이 1년에 한 번밖에 말할 수 없었기 때문이다. <편역자 주> 여기에서 '자비'를 뜻하는 하나님의 이름은 '여호와(יהוה)'다. 유대인은 이 네 글자로 된 하나님의 이름이 너무나 신성해서 부를 수 없다고 한다. 예루살렘 성전이 건재해 있었을 때는 오직 대제사장만이 1년에 한 번씩 돌아오는 대속죄일에 작은 소리로 열 번을 부를 수 있었다고 한다. 그러나 성전이 파괴된 이후 아무도 그 발음을 알 수 있는 사람이 없다고 한다. 따라서 아직도 현대 정통파 유대인들은 하나님의 이름을 발음하지 않는다. 따라서 유대인은 보통 이 네 글자로

된 하나님의 이름이 나오면 '하솀'(השם =그 이름), 또는 '아도나이'(주님)라 부른다.*

유대인 가운데는 이것을 가리켜, 정의보다 자비 쪽이 인간에게는 더 중요하다는 하나님의 가르침이라고 해석하는 이도 있지만 나는 그렇게 생각하지 않는다. 혹시 구약성경이 쓰일 당시 '자비'라는 말이 하나님의 참다운 호칭이었고 '정의'는 2차적인 호칭이지 않았을까.

물론 구약성경이 쓰일 당시에 이 말이 정말 어떤 뜻으로 쓰였는지는 알 수 없다. 하지만 몇천 년 동안 유대인들이 이 성경을 하나의 신조로 삼았을 때 '하나님'을 정의와 자비로 표현했다는 것은, 인간이 정의만으로 살아갈 수 없고, 또한 그 가운데에 정열이라는 뜻도 있는 자비만으로도 살아 갈 수 없기에 양쪽을 적당히 갖고 있지 않으면 안 된다는 그들의 생각이 담겨 있을 것이다. 만일 자비 쪽이 더 중요하다고 여기고 그러한 박애정신만 가지고 살아간다면 아나키즘(무정부주의)이 탄생했을 것이다.

---

* 자세한 것은 편역자의 저서 《왜 가정은 성전인가》 참조.

'자비'라는 히브리어의 철자는 모음이 없고 자음만으로 구성되어 있어서 정확한 발음을 알 수 없다. 기독교에서는 이를 '여호와'라거나 '야훼'라 하고, 유대인은 '아도나이'라고 발음하지만 그것이 옛날 그대로의 올바른 발음인지 알 수 없다. 올바른 발음을 알지 못하기에 '아도나이'라 하는 것이다. 아도나이는 '주님'이란 뜻을 지닌 히브리어다. 요컨대 아무도 올바르게 발음할 수 없으므로, 이 글자가 나오면 단지 '아도나이(주님)'라 부르도록 되어 있다. 모세의 십계에서는 "하나님의 이름을 함부로 부르지 마라."며 자비 쪽의 하나님을 쓰고 있다.

따라서 하나님을 가리키는 자비라는 단어는 예루살렘의 성전에서 1년에 단 한 번, 유대의 새해부터 10일 후 유대의 성일(聖日) 중의 성일에만 일컬어졌다. 그 말이 나오면 당시의 유대인은 성전의 마루에 엎드려 쓰러졌다.

그렇다면, 구약성경이 쓰인 당시부터 이 하나님을 가리키는 말에 자비라는 뜻이 있었을까? 그것도 분명치 않다. 아마도 자비라는 뜻이 아니라 단지 '하나님'이라는 뜻이 아니었나 싶다.

그 후 유대인들이 수천 년 동안 성경과 함께 살고 성경을 공부하면서 어째서 '정의'를 가리키는 하나님이란 말이 있는데 하나님을 가리키는 또 다른 말이 있을까, 어째서 2가지 말이 사용되고 있을까를 생각해보았을 때, 분명히 이는 '자비'를 뜻하는 말이라는 해석이 나왔다. 그래서 '자비'라는 뜻의 말이 '하나님'이 되었을 것이다.

그러나 '엘로힘'이란 말은 본래 정의라는 뜻을 지니고 있다. 예를 들면 재판관이 엘로힘이란 말을 사용한다. '자비'라는 단어가 성경에서도 똑같은 말로 쓰이고 있느냐 하면, 그렇지 않은 경우도 있다. 이것은 그 당시부터 성경에 쓰여 있는 이야기는 아니지만 유대인에게 성경의 '자비'와 '정의'는 함께 쓰는 말로서 다음과 같이 설명되어 있다.

어떤 왕이 아주 값진 유리잔을 가지고 있었다. 그 잔은 뜨거운 물을 넣어도, 얼음물을 넣어도 깨어져버린다. 그래서 왕은 언제나 뜨거운 물과 얼음물을 섞어서 넣는 것이 가장 좋다고 말했다.

이 이야기의 예로도 알 수 있듯이 유대인은 타협하는 것을 생활의 지혜로 여긴다. 가정에서도 부모가 지나치게 엄하면 아이들은 반항하게 되며, 그렇다고 지나치게 사랑만 해도 불량해진다. 2가지를 혼합한 교육이야말로 균형 잡힌 교육이라 할 수 있다.

7가지 규범

창세기에서 아담과 이브로부터 비롯한 인류는 점점 죄를 범하고, 대홍수를 만나 멸망한다. 인류는 노아로부터 다시 출발하게 되는 셈인데, 이렇게 새로 탄생하여 출발한 인류는 성공한 걸까?

하나님은 인류가 평화롭게 살아갈 수 있도록 노아에게 7가지 규범을 주셨다. 유대인은 아주 많은 규율을 가지고 있지만 이 7가지 규범에 한해서는 인류 전체가 지키지 않으면 안 된다고 생각하고 있다. <mark>편역자 주</mark> 유대인이 지켜야 할 율법은 십계명을 포함한 613개다. 유대인은 이것은 오직 자신들에게만 해당된다고 생각한다. 그리고 나머지 모든 인류(이방인)는 오직 노아의 7가지 규범만 지키면 된다고 생각한다. 그만큼 이방인의 의무는 가볍다는 것이다.

이 가운데 일부는 성경에 실려 있고, 일부는 그 해석으

로부터 생긴 것이다. 성경 안에는 하나님의 십계명이 실려 있고 그것이 유대인을 위한 것인 데 비해, 7가지 규범은 인류 전체에게 주어진 것이다. 그만큼 극히 중요한 가르침이라고 하겠다.

1. 정의를 판단하는 재판소가 있을 것. 당사자끼리는 힘으로써 해결하려고 해서는 안 된다.
2. 살인을 범해서는 안 된다.
3. 도둑질을 해서는 안 된다.
4. 살아 있는 동물로부터 살을 떼어 먹어서는 안 된다.
5. 간음해서는 안 된다.
6. 근친결혼을 해서는 안 된다.
7. 우상을 숭배해서는 안 된다.

내용 그 자체는 간단한 것처럼 생각되지만 4천여 년 전에 이것이 주어졌다는 사실을 염두에 두지 않으면 안 된다. 너무 간단하다고 해서 현대의 감각으로 그 중요성을 판단해서는 안 된다.

노아가 방주에서 나왔을 때, 인간이라고는 노아와 그의 아내와 3명의 자녀밖에 없었다. 이 7가지 규범은 하나님이 노아에게 준 것이었다. `편역자 주` 유대인은 법의 민족이다. 법을 대단히 중요하게 생각한다. 따라서 노아의 7가지 규범도 그만큼 중요하게 생각한다. 이것은 한국인이 법보다는 인정에 이끌리어 사는 것과는 대조된다.*

---

* 자세한 것은 편역자 저 《부모여 자녀를 제자 삼아라》 (쉐마, 2005), 제1권 제2장 '유대인의 율법은 악한가' 참조.

추상적 사고의 힘

기독교에서는 '주님'이라고 하면 인간의 모습을 한 할아버지를 묘사하지만, 유대인은 하나님을 인간의 모습에 맞추어 묘사한 적은 없다. 고대 이스라엘 시대부터 유대인은 하나님이나 주님을 그림으로 그려 나타내는 일은 절대 하지 않았다. 그것이 결국 우상숭배가 되기 때문이다.

유대인은 옛날부터 추상적인 하나님의 개념(abstract thinking concept about God)을 가지고 있어서 추상적으로 어떤 사물을 생각하는 훈련이 되어 있었다. 그러므로 추상적으로 여러 가지를 창조하는 힘이 갖추어져서, 예를 들면 이론 물리학 같은 분야에서 위대한 업적을 남기는 인물 편역자 주 알베르트 아인슈타인 이 탄생하게 되는 것이다.

다른 민족은 예로부터 손으로 만질 수 있는 것, 예를 들어 성냥처럼 자기 손으로 만든 물건을 파는 일에 종사해 왔지만, 유대인은 어디에서도 무엇인가를 싣고 어디까지 가서 무엇을 판매한다는 식의 추상적인 비즈니스를 한다.

편역자 주 예를 들어 눈에 보이지 않는 은행 제도 및 주식시장 등도 유대인이 창안한 것이다. 또, 유대인은 우상을 만들지 말라는 계명에 따라 어떤 형상을 만드는 것을 금지하고 있다. 그러나 그들의 회당에 가면 12지파를 상징하는 그림들을 볼 수 있다. 랍비는 이렇게 설명한다. 어느 신을 섬기기 위해 만든 높이와 너비 그리고 부피가 있는 것(statue)을 만들 때 그것을 우상이라고 정의한다(예: 천주교의 마리아 상 등). 이것은 그림과 다르다는 것이다.

예컨대 유대인 아버지가 아들에게 가게를 보게 하고, 하루가 끝났을 때 아들이 "아버님, 오늘 저는 이만큼 매상을 올렸습니다."라고 말한다. 그러면 아버지는 "네가 판 것이 아니야. 그것은 손님이 필요한 것을 사러 왔을 뿐이야. 손님이 필요로 하지 않는 것까지 팔지 않으면 안 돼."라고 말한다.

무슨 뜻인가. 간단히 말하면 햇볕이 쨍쨍 내리쬐는 한여름 대낮에 우산을 팔아야 한다는 것과 같다.

"햇볕이 쨍쨍 내리쬐는 것이 끝나고, 비가 올 때 우산이 없으면 곤란할 것이오. 그때 우산을 사려고 하면 이미 늦으니까 지금 사 두는 편이 득일 것이오."

이런 말로 손님에게 우산을 팔 수 있다면 진짜 장사꾼인 것이다. 유대인 비즈니스맨은 미리 여러모로 계획을 짜고, 또 계획을 짠 다음에 물건들을 판다. 이 경우에 추상적인 사고방식은 빼놓을 수 없는 것이다.

선택하고 선택받는 것

현대의 유대인이 하나님의 선민(選民)이라는 것에 대해 많은 사람들이 의혹을 품고 있는 것이 사실이다. 1960년대에 영어로 다음과 같은 시가 지어졌다.

하나님이 유대인을 선택한 것은
참으로 이상한 일이 아닌가?
하지만 그것은
유대인이 많은 신 가운데
올바른 신을 선택하였으므로
조금도 이상할 것이 없다.

유대인 시인이 지은 것이므로 자화자찬(自畵自讚)이라

생각할지도 모르나, 결코 하나님이 유대인을 선택한 것이 아니라 유대인이 하나님을 선택했다는 점이 중요하다.

예를 들어 경찰이 제복을 입고 어떤 임무를 수행하고 있다고 하더라도, 경찰이 다른 사람들보다 훌륭하고 위대하다고는 할 수 없다. 유대인도 하나님에게 선택받은 백성이라는 것은 다만 하나의 임무를 부여받은 것에 지나지 않으며, 결코 다른 민족보다 우수하고 위대하다고 생각해서는 안 된다.

하나님은 다른 민족에게도 선민이 되라고 말씀하셨다. 그러나 "죽여서는 안 된다."라든가 "도둑질을 해서는 안 된다."는 십계명을 지켜야 한다는 것을 알자 모두 꽁무니를 뺐다. 그래서 결국 유대인에게 차례가 온 것이라고 전해지고 있다.

유대인이 하나님으로부터 받은 역할은 2가지다. 세상 사람들에게 유일신의 존재를 가르칠 것과, 제2의 평화를 가져오는 일이다. 유대인끼리 하는 농담이 하나 있다. 유대인이 하나님에게로 가서 "우리는 당신께서 선택해주신 백성이지요."라고 말한다. 하나님은 "물론 그렇다."고 대답하신다. 이에 유대인은 "그렇다면 우리는 선택받은 백성의 역할은 이제 그만 맡을 테니, 다른 민족을 선택해주십시오."라고 한다. 이 농담에는 유대인이 하나님으로부터 선택받은 백성이 된 까닭에 너무나 많은 고난을 당했다는 뜻이 담겨 있다.

유대인은 누구나 이렇게 생각한다.

'처음 아담과 이브가 실패하고, 바벨탑에서도 실패하고, 노아의 세대에도 실패했다. 하나님은 인간이 이 땅 위에 올바른 세계를 실현할 수 있으리라고 믿고, 올바른 행동을 보이기 위해 한 민족에게 그러한 역할을 부여하신 것이다. 만일 온 세계가 올바른 행동을 하게 된다면, 유대인은 이미 선민이라는 의식을 버리게 될 것이다.' 편역자 주

편역자가 유대인을 만나면 때때로 그들은 편역자에게 유대인으로 개종하지 말 것을 권유한다. 그 이유를 이렇다. "당신은 현재 '노아의 7가지 계명'만 지키면 되는데, 왜 힘들게 613개의 계명을 지키는 고생을 사서 하려 하느냐?" 이방인보다 더 많은 율법을 지키기 위해 얼마나 힘들게 살아야 하는지를 설명하는 대목이다. 그러나 유대인들은 이 율법들을 기쁨으로 지킨다고 말한다. 그리고 실제로 그들의 생활에 기쁨이 있는 것을 발견할 수 있다.

사바스(안식일)

유대인은 토요일 아침에 아주 가볍게 식사를 한다. 이때 먹는 달걀 프라이도 금요일 아침에 요리해둔 것이다. 물론 더운 물도 금요일 아침에 덥혀 놓은 것이다. 하지만 요리나 물도 식지 않게 보관했다가 먹는다.

토요일 아침에는 먼저 회당으로 간다. 어린 자녀는 남편이 데리고 간다. 아내는 남편이 원하면 가지만, 갓난아이가 있을 경우 가지 않는다. 토요일에는 아이 보는 사람도 일을 하지 않으므로 갓난아이는 어머니가 맡는 수밖에 없기 때문이다.

유대인 가정에서 아내는 가정을 지키는 것을 매우 중요한 일로 여긴다. 가정이란 집안일과 어린이를 돌보는 일을 말한다. 유대인 어머니에게 이보다 더 큰일은 있을 수 없다. 예를 들어 아이들에게 "나는 오늘 회당에 가야 하므로 너희들은 집에 있으면 좋겠다."는 식으로 절대 말하지 않는다.

회당에서 남자와 여자의 자리는 구분된다. 예쁜 여자가 옆에 있으면 아무래도 집중이 되지 않기 때문이었다. 이는 회당 안에서는 하나님이 여자를 지켜준다는 생각에 근거한다. 장소에 따라서는 1층, 2층으로 나뉘어 여자들이 2층으로 갈 때도 있고, 때로는 남녀 사이에 두터운 커튼이 쳐지기도 한다. 요컨대 회당 안에서는 남편이 아내를 지킬 필요가 없으며 남녀가 흩어져 있어도 하나님이 여자를 지켜주고 있다고 생각하는 것이다.

회당 안에서는 아주 민주적이다. 누구나 머리에 '키파'라는 모자를 쓰고, 똑같은 노래를 부르며, 똑같은 기도를 드린다. 신분의 차이 같은 것은 절대로 없다.

사바스의 날에 외우는 기도문은 다른 기도문과는 다르다. 가장 중요한 토라를 읽는다. 오전 11시나 12시경이 되면 집으로 돌아가 점심식사를 한다. 이때 금요일 저녁에 만들어서 오븐 안에 넣어 두었던 것을 먹는다. 예를 들어

큰 단지에 쇠고기나 채소 등 그 고장에서 나는 재료들을 잔뜩 넣은 다음 오븐 안에서 스물네 시간 천천히 익히면 모든 재료가 흐물흐물하게 익어서 매우 맛있다. 히브리어로는 '하밈'이라 불리는 요리인데 일종의 스튜다. 내 아내는 중동 지방 출신이어서 하밈 만드는 방법이 독특하다. 즉 같은 하밈이라도 고장에 따라 다르다.

토요일 오후에는 낮잠 자는 것이 의무다. 30분에서 한 시간 정도 자는데 토요일의 낮잠만큼 기분 좋은 것도 없다. 이렇게 낮잠을 자고 나면 새로이 시작되는 일주일의 에너지가 축적된다. 그리고 산책을 나가 근처에 살고 있는 친구들을 방문하거나 한다.

어린이들이 자라면 아버지와 자녀는 함께 공부해야 한다. 아버지는 자녀가 일주일 동안에 배운 것을 다시 한 번 가르친다. 특히 이때 아버지는 탈무드를 가르친다.

편역자 주 유대인 가정에서는 자녀에게 성경을 아버지가 가르친다.[*]

점차 어두워지면 사바스는 끝난다. 해가 지고 40분쯤

---

[*] 자세한 것은 편역자의 저서 《유대인 아버지의 4차원 영재교육》(동아일보, 2006) 참조.

지나면 사바스가 완전히 끝난다.

   사바스가 끝날 무렵 2분쯤 간단한 의식이 행해진다. 이때에는 모두 포도주를 마시며 향료의 냄새를 맡는다. 2개 이상의 불이 켜지는데 새끼줄처럼 꼬인 양초가 사용된다. 하나가 아니라 2개, 4개, 6개의 큰 양초에 한꺼번에 불을 켜는 것은 드디어 일이 시작된다는 표시다. 그때 쓰이는 촛대에는 "안식일은 영원히 성스러울지어다."라는 글이 새겨져 있다.

자유

하나님의 십계명을 비롯해서 유대인이 지켜야 할 여러 가지 규칙 가운데는 "무엇을 해서는 안 된다."고 부정하는 것이 많다. 예를 들어 하나님의 십계명은 7가지의 부정적인 금지 조항과 3가지의 장려하는 조항으로 되어 있다. 편역자 주 유대인의 613가지의 율법은 '하라'는 248가지의 긍정적인 율법(the positive law)과 '하지 말라'는 365가지의 부정적인 율법(the negative law, 금하는 율법)으로 구성되어 있다. 유대인의 십계명도 2가지로 나뉘어 있다. 그런데 유대인의 십계명에는 긍정적인 율법이 3개(제1, 4, 5계명)인데, 기독교는 2개(제4, 5계명)로 가르치고 있다. 그 이유는 유대인은 출애굽기 제20장 제2절(하나님의 존재 인정)을 첫번째 계명으로 정하고, 제3-6절(우상 금지)을 한데 묶어 제2계명으로 정했으나 기독교는 출애굽기 제20장 제2절은 선언문으로 간주하고 계명 속에 포함시키지 않는 대신,

유대인의 제2계명(제3-6절)을 둘로 나누어 제3절을 제1계명으로 정하고, 제4-6절을 제2계명으로 정했기 때문이다.

유대인의 사고방식으로는 "무엇 무엇을 하라, 무엇은 하지 마라."라고 하면 인간은 자유를 잃고 만다. 반대로 "이것만은 하지 마라."라고 하면, 그 다음은 모두가 자유로운 것이므로 발전이 있는 셈이다.

금지 사항이 많은 것은 매우 부자유스럽게 느껴질지도 모르지만 우리들이 하는 행동이 그보다는 훨씬 많으므로 실은 그쪽이 훨씬 더 자유로운 것이다.

인간이 창조되었을 때, 하나님이 맨 처음에 내린 명령은 "생육하고 번성하여 땅에 충만하라."(창세기 제1장 28절)였다. 유대인 사이에서는 성(sex)은 결코 죄가 아니다. 두 번째 명령은 "바다의 고기와 공중의 새와 땅에 움직이는 모든 생물을 다스리라."(창세기 제1장 28절)는 것이었다. 즉 이 세상을 자기 것으로 만드는 일이었다. 세상을 이해하고, 인간의 여러 가지 지혜를 끌어내어, 요컨대 발전시키라는 명령이었다.

올리브

창세기 가운데 노아의 이야기에 따르면 평화의 상징이 된 비둘기를 날려 보내자 비둘기는 올리브 나뭇가지를 입에 물고 돌아왔다고 한다. 랍비들은 어째서 비둘기가 향기로운 장미나 맛있는 사과 열매가 아니라 씁쓸한 올리브 나뭇가지를 물고 왔는가에 대해 오랫동안 토론했다.

그 결과 비둘기는 올리브 가지를 하나님으로부터 받았으며, 하나님이 주시는 것은 제아무리 맛있다 해도 인간이 만든 것보다 성스럽다는 것을 가르쳐준다는 데 의견이 일치했다.

동물원에 가면 코끼리, 사자, 기린이 있다. 이 동물들은 인간으로부터 먹이를 제공받고 사육장의 온도까지 조

절받는 후한 대우를 받고 있다. 하지만 기린이나 사자에게 물어보면 틀림없이 인간이 만들어 준 환경에 있는 것보다는 비바람을 맞아도 좋으니 자유로워지고 싶다고 할 것이다.

따라서 인간의 손으로 제아무리 맛있는 음식물을 만들어 준대도 하나님으로부터 씁쓸한 올리브를 받고 자유로워지는 쪽 보다 훨씬 행복하지 않다는 이야기다.

교육열

유대인 어머니는 거의 모두가 교육에 열정적이다. 단지 어떤 나이가 되면 그렇게 되는 것이 아니라, 처음부터 자녀에 대한 강한 열정이 있다. 이것은 누가 시켜서 하는 일이 아니다. 오랜 전통인 동시에 유대의 생활양식이다.

100여 년 전 미국에서 가장 큰 부자로 꼽히던 한 유대인이 맨해튼 섬을 몽땅 사지 않겠느냐는 제의를 받았다. 그는 빈털터리로 미국에 건너가 20년 동안 열심히 벌어서 큰 부자가 되었다. 하지만 그는 맨해튼 섬을 사지 않았다. 그는 아마 자신이 살고 있는 집조차 사지 않았을 것이다.

이 일화는 유대인들이 항상 "이동성을 가져라."라는 신조를 지니고 있음을 보여준다. 역사적으로 수많은 박해를

받아 온 유대인은 어떤 상황에서 재산이 아무 소용도 없다는 것을 경험적으로 알고 있다. 게다가 유대인은 오랫동안 유럽에서 재산을 갖는 일이 금지되어 있었다. 또, 유대인이 유럽에서 부동산을 갖는 것은 가장 어리석은 일로 여겨졌다. 따라서 유대인들은 조금이라도 정치적으로 불안한 나라에서는 절대 부동산을 사지 않는다.

이러한 속성 때문에 유대인은 지식이나 학문을 재산으로 여기도록 훈련받았다. 그러한 역사적인 경험을 통해 돈이라는 것도 아주 많아지면 추상적인 것이라고 생각하게 되었다. 편역자 주 유대인은 직업이나 비즈니스를 선택할 때도 이동성이 쉬운 쪽을 택한다. 그들이 오랜 교육 기간을 필요로 하는 의사나 변호사, 교사직을 선호하는 이유도 그중 하나다. 머리에 든 것은 누구도 빼앗지 못하기 때문이다.*

---

* 자세한 것은 편역자의 저서 《자녀들아 돈은 이렇게 벌고 이렇게 써라》(부제: 유대인 아버지의 경제교육, 동아일보, 2007)' 제4부 제4장 V. 1. '유대인은 어떤 직업을 선호하나' 참조.

개인주의

아인슈타인은 자신이 이스라엘의 초대 대통령으로 지명되자 그것을 사양했다. 이스라엘은 젊은 나라이므로 좀더 젊은 사람을 대통령으로 지명해야 된다고 했다. 아인슈타인은 청소년 시절까지만 해도 수학을 못 하는 편이어서 대수(代數) 시험에 낙제한 일도 있었다. 심리학자 프로이트 역시 학교 성적이 나빴다.

유대인의 성공 비결 중 하나가 개인주의다. '히브리'라는 히브리어를 영어로 옮기면 individualist인데, 무리에서 떠나 홀로 서 있는 사람을 가리킨다. 우리가 흔히 쓰는 '개인주의'와는 차이가 있다.

'히브리'는 다른 사람과 다르다는 의미가 강하다. 그래서 수학의 대수처럼 자로 잰 듯 정확하고 틀에 박힌 것은 유대인들에게 어울리지 않는다. 그들은 인습 같은 것에 얽매이지 않는 새로운 발상을 잘한다.

천사

유대인의 머릿속에는 기독교에서 믿고 있는 것과 같은 천사나 악마가 존재하지 않는다. '천사'(에인절)에 해당하는 히브리어는 '마우쯔하'라고 발음하며 '사자(使者)'라는 뜻도 지니고 있다. 구약성경에 나오는 천사는 대부분이 실재하는 인간이다. 하나님이 사자로 쓰거나 또는 그와 비슷한 형태로 나오지만, 기독교가 말하는 천사는 아니다.

유대교의 하나님은 친척이나 동료도 없다. 유대인은 고통이나 괴로움도 인간에게 도움이 된다고 생각한다. 예를 들어 만약 사람이 죽지 않는다면 이 세계는 어떻게 된단 말인가? 사계절이 있기에 나무는 시든다. 물고기나 고양이나 개도 언젠가는 죽는다. 모든 것에는 끝이 있다. 인간이 죽지 않는다면 무한히 인구가 증가하여 옴쭉할 수도 없게 될 것이다.

악은 이 세상에서 어떤 역할을 하는가? 에덴동산에 오면 알게 될 것이다. 하나님은 창세기에서 이 세상을 만드셨다. 그 다음에는 인간이 자신들에게 맞게 바꾸어가야 할 의무가 있다.

예를 들면 하나님께서는 직접 빵을 만들지는 않았지만 밀을 만드셨다. 인간도 이 세상을 보다 좋게 만들기 위해 만들어진 것이다. 밀은 잠재적인 빵이다. 인간도 하나의 가능성을 지닌 잠재적인 원료다. 다른 자연도 마찬가지다. 우리는 동물적인 요소를 지니고 있지만, 가능성이라는 또 하나의 신성한 요소도 가지고 있다.

먼저 다툼

하나님이 인간을 맨 마지막에 만든 것은, 모든 요리를 식탁 위에 차려 놓고 손님을 초대하는 것처럼, 많은 인간을 손님으로 이 세상에 초대하려면 모든 것을 준비한 뒤라야 좋겠다고 생각하셨기 때문이다.

인간이 창조된 6일째는 금요일이었으며 그 이튿날은 안식일이었다. 이것은 앞으로 계속 고난의 길을 걷는 인간을 위해서 우선은 쉬게 해주시려는 하나님의 배려일 것이다.

또, 인간의 선조가 단 한 사람인 것은 누구나 서로 자신의 선조 쪽이 상대방보다 훌륭하다고 말하지 못하게 하기 위함이다. 인간의 조상은 원래 아담과 이브 두 사람밖에 없었다. 흔히 같은 판으로 찍어낸 것은 아무리 여러 번 찍어도 같게 마련이다. 그런데 맨 처음 하나님이 만드신 인간의 형은 하나밖에 없었는데 인간이 각각 다르게 된 것은, 만일 인간이 모두 똑같은 몸과 얼굴, 똑같은 모습을 가지고 있다면 이 세계기 혼란에 빠질 것이기 때문이다.

이 해석은 이미 2천500년 이전부터 나와 있었다. 유대교도는 언제나 이러한 해석을 시도했다. 만약 지금까지 나온 성경 해석을 전부 모으려면 큰 방이 가득 찰 정도의 책으로도 부족할 것이다.

입으로 전해진 '성경의 해석'이라는 방대한 책이 있다. 탈무드도 그 가운데 하나다. 이 점이 기독교와 유대인과의 가장 큰 차이라고 하겠다. 기독교는 성경을 그대로 읽는 데 반해 유대인들은 성경에 여러 가지 해석을 붙이지 않으면 아무런 의미가 없다고 생각한다. 그러므로 기독교는 '성경을 읽는다'고 하고 유대인은 '성경을 공부한다'고 한다.

어떤 철학자가 랍비 아키바에게 와서 "누가 이 세상을 만들었습니까?" 하고 물었다. 아키바는 "하나님이 만드셨습니다."라고 대답했다. 철학자는 "그것이 틀림없는 사실입니까?" 하고 재차 물었다. 아키바는 "하루 동안 잘 생각해보고 내일 다시 오십시오."라고 말했다.

이튿날 철학자가 찾아왔을 때, 아키바는 "당신은 지금 무엇을 입고 있습니까?" 하고 물어보았다. "나는 양복을 입고 있습니다."라고 철학자는 대답했다. 아키바가 "그것은 누가 만들었습니까?" 하고 물으니, "양복점에서 만들었습니다."라고 철학자는 대답했다.

아키바는 "그것이 확실합니까?"라고 되물었다. 그리고 그는 철학자에게 "양복점에서는 단지 다른 사람이 만든 천으로 옷 모양을 만들었을 뿐입니다. 원료는 그가 만들지 않았을 것입니다. 잘 만들어진 문을 보면 그 문을 만든 목수가 있다는 것을 알 수 있고, 집을 보면 그 집을 설계한 건축가가 있다는 것을 알 수 있습니다. 그러니까 이 세상을 만든 분도 있을 것입니다. 그것이 하나님입니다."라고 말해주었다.

창세기 제1장 제1절에는 "태조에 하나님이 천지를 창

조하시니라."라고 쓰여 있다. 원전에는 제2장 제4절에 "하나님이 땅과 하늘을 만드셨다."라고 쓰여 있다. 그렇다면 하늘과 땅은 어느 쪽이 먼저 만들어진 것일까?

하나님은 하늘에 계시므로 하늘이 먼저 만들어졌으리라는 의견이 있다. 그렇다면 집을 지을 때 지붕을 먼저 만드는 사람이 있을까? 하늘과 땅에 대해서 생각해보면 하늘은 2층집의 2층에 해당하는 것이다. 2층을 먼저 만드는 사람은 없다. 따라서 땅이 먼저 만들어졌으리라고 생각하는 사람도 있다.

그러나 땅이 먼저 만들어졌다는 의견에 대해 반론을 전개하는 사람은, 예를 들어 발을 올려놓는 대(臺)와 의자를 만들 때, 중요한 의자를 먼저 만들고 발을 올려놓는 대는 그다지 중요하지 않으므로 나중에 만들었을 것이라고 말한다. 여러분은 어느 쪽이 먼저 만들어졌을 거라고 생각하는가?

답은 하늘과 땅이 동시에 만들어졌다는 것이다. 이 답은 일종의 타협이다. 이 이야기는 어느 쪽이 옳은가를 따지기보다 이 세상에는 타협이 필요하다는 것을 가르쳐준다. 성경에 바탕을 둔 유대인의 사고방식에는 살아가면서 타협이 중요하다는 것이 크게 강조되고 있다. 이 해석은 3천500년부터 4천 년 전쯤 확립되었다.

이야기의 효용

유대인은 이야기를 만들어서 남에게 들려주기를 잘하는 민족이다. 서양사회에서도 이야기를 만드는 사람으로는 유대인이 많은 것 같다. 회당에서 예배를 드릴 때도 랍비는 이야기를 포함시킨 설교를 하는 것이 습관처럼 되어 있다.

가정에서는 아버지가 자녀들에게 여러 가지 이야기를 들려준다. 이야기는 단지 재미있을 뿐 아니라 반드시 어딘가에 교훈이 있는데, 머리를 써서 생각하지 않으면 모르고 넘어가기 십상이다. 그러므로 때로는 수수께끼도 자주 활용된다.

소련 편역자 주 러시아를 가리킴. 이 이야기는 소련이 붕괴되기 전 공산주의 시대를 배경으로 한다. 에 살고 있는 친척으로부터 한 유대인에게 편지가 왔다. 아시다시피 소련은 경찰국가인데다가 유대인은 박해를 받고 있는 처지이므로 소련에서 편지를 보내는 일은 거의 모험이었다. 그 편지에는 소련의 날씨기 매우 좋고, 가족들은 모두 건강하며 아이들도 훌륭한 학교에 잘 다니고 있으며, 지금 살고 있는 곳도 아주 좋아서 모든 것이 만족스러운데, 다만 전구와 설탕만이 부족하다고 쓰여 있었다.

이런 내용을 들려주면 어린이들은 전구나 설탕이 없다는 것이 무슨 의미냐고 묻게 마련이다. 그러면 아버지는 "이것은 진실을 말하는 한 가지 방법이다. 전구와 설탕이 없다는 편지 내용으로 보아 저쪽에서의 생활이 매우 어둡고 암담하다는 사실을 알아내야 한다."고 가르쳐준다. 이런 식으로 훈련하면 사물을 보는 지혜를 몸에 익히게 될 것이다. 또 한 가지 예를 들어보자.

소련에서 이스라엘로 이민을 온 가족에게 텔아비브의 공항에서 기자가 여러 가지 질문을 했다.

"당신은 소련에서 어떤 일을 하고 있었습니까?"

"나는 별로 불평할 만한 것이 없습니다."

"그럼 당신이 살고 있던 환경은 어떠했습니까?"

그러자 남자는 다시 대답했다.

"불평할 만한 것이 없습니다."

"그쪽에서의 식사는 어떠했습니까?"

"아니, 그것도 불평할 만한 것이 없었습니다."

계속해서 여러 가지 질문을 해보았으나 남자는 번번이 "별로 불평할 만한 것이 없습니다."라고 대답할 뿐이었다. 마지막으로 기자가 "그렇게 아무것도 불평할 만한 것이 없다면 무엇 하러 여기까지 이민을 왔습니까?"라고 물었다. 남자는 이렇게 대답했다.

"여기는 불평할 만한 것이 있고, 또 불평할 수 있기 때문입니다."

자녀들에게 이런 이야기등을 들려주면 어린이는 이러한 이야기들이 갖는 역설을 이해하고 사람의 마음의 깊이라는 것을 배우게 된다.

균형

인간은 하늘과 땅 어느 쪽에 속하는 것일까? 역시 이 질문에도 하늘과 땅 양쪽에 다 속해 있다고 대답하지 않으면 안 될 것이다. 그러므로 인간은 땅에 속하는 닭이나 동물처럼 될 수도 있고, 하늘에 계시는 하나님처럼 기품이 있을 수도 있다.

이 세계에는 반드시 균형이 있다. 예를 들어 하늘과 땅 사이의 균형. 하나님은 하늘을 나는 새를 만드실 때 땅 위를 기어 다니는 동물도 만드셨다. 그 밖에도 태양과 달, 바다와 육지 등 제각기 대조적인 것이 만들어졌다.

하나님은 인간을 창조하실 때, 만일 인간이 하늘에만 속해 있거나 땅에만 속해 있다면 이와 같은 균형을 무너뜨리는 것이 된다고 생각하시어 인간을 하늘에도, 땅에도 속하도록 만드셨다. 즉 땅에는 인간의 육체가 속하고 하늘에는 인간의 정신이 속해 있다.

밤과 낮은 대조적으로 만드셨다. 그런데 재미있는 것은 성경에서 반드시 '밤과 낮'이라고 쓰고 있는 것처럼, 밤이 먼저라는 것이다. 유대인은 하루가 밤으로부터 시작된다고 생각한다. 여기에는 특별한 해석은 없지만, 한 가지 생각으로는 옛날 이스라엘 근방이 사막이어서 태양이 지고 나면 몹시 추웠기에 대부분의 고대인들은 밤이 되면 이 세상의 종말을 맞는 것과 같은 어두운 절망감에 사로잡혔을 것이다. 그래서 이 세상은 반드시 밝아지게 마련이라는 낙관적인 생각을 지닌 유대인은 반대로 하루가 밤부터 시작되어 밝을 때 끝난다고 생각했던 것 같다.

약 2천5년 전쯤 어떤 과학자가 랍비에게로 와서 "성경 안에 나오는 창세기 이야기는 너무나 엉터리입니다."라고 말했다. 랍비는 "어찌하여 당신은 그렇게 생각하십니까?"라고 물었다.

"창세기 안에는 하나님께서 물을 만드셨을 때 일부의 물은 높게, 그리고 일부의 물은 낮게 두셨다고 쓰여 있지

만, 물이란 것은 항상 똑같은 높이에 있는 것이며 물을 공중에 매달아 놓을 수 없지 않습니까? 이것만 보더라도 창세기가 얼마나 엉터리 이야기로 쓰여 있는지를 알 수 있지 않습니까." 하고 그 과학자는 말했다.

그러자 랍비는 접시에 물을 담아서 가지고 왔다. 그리고 갈대와 금 한 조각, 은 한 조각씩을 준비해서, 먼저 갈대를 물속에 담그고 이어 금을 물에 넣었다. 그러나 물은 갈대 빨대를 타고 올라가지 않았다. 조금 올라가는가 싶더니 금세 떨어져버리고 말았다. 다음에 은 조각을 넣어도 마찬가지였다.

그러나 갈대가 일단 물을 빨아 올리자 구멍을 손가락으로 눌러도 물은 내려가지 않았다. 랍비는 과학자에게 그 물을 보이면서 "나는 손가락 하나로도 이런 일을 할 수 있는데 하나님께서는 무슨 일이라도 할 수 있으신 분입니다."라고 말했다.

무지개

하나님께서는 사람들에게 두 번 다시 이 세상을 멸망시키지 않겠다고 약속하셨다. 그리고 무지개에 그 말씀을 새겨 놓았다. 많은 전쟁으로 민족이 정복당하거나 천재지변으로 세계가 파멸되려는 경우라도 인간은 하늘을 쳐다보아야 한다고 유대인은 생각해 왔다. 아무리 힘들 때라도 하나님이 이 세상을 절대로 멸망시키지 않겠다고 약속하신 무지개가 반드시 나타나기 때문이다.

오늘날에도 유대인은 무지개를 보면 크게 감동한다. 특히 어린이들은 선생님으로부터 무지개에 대한 이야기를 듣고 자라므로 무지개의 의미가 어린이들 마음에 아주 강하게 새겨져 있다.

확실히 무지개는 태풍이 지나간 뒤 맑게 갠 하늘에 멋

지게 걸리거나, 오랜 장마가 있은 뒤에 나오며, 앞으로 좋은 날씨가 된다는 징조이기도 하다. 따라서 이것은 희망의 상징이다. 유대인은 무지개를 보면 "희망을 잃지 마라."라는 사인으로 받아들인다.

고대 중동지방에서는 전쟁을 하다가 휴전할 때, 휴전의 표시로 무기를 자기 쪽으로 향하게 했다. 그것은 약속을 어겼을 때 무기가 자신들을 상처 입힌다는 뜻이다.

평화의 상징인 무지개는 히브리어로 '케세트'라고 하며, 동시에 '활'이란 뜻을 겸하고 있다. 이것은 전쟁을 위한 무기도 모두가 평화를 위해 사용될 수 있다는 것을 가르쳐주고 있다.

파리의 루브르 박물관에는 '체크메이트(장군)'라는 제목의 그림이 걸려 있다. 이 그림에는 악마가 서양장기를 두고 있는 장면이 그려져 있다. 체스라는 서양장기를 모르는 사람에게는 이 그림의 긴박감이 전해질 리 없겠지만, 화면은 당장 악마가 장군을 부름으로써 인간이 절체절명의 위기에 빠진 장면을 나타내고 있다.

언젠가 유대인 체스 명수가 이 그림 앞에 멈추어 서서

오랫동안 그림을 바라보고 있다가 너무나도 상황이 긴박해서 인간에게는 희망이 없다, 이렇게 되면 인간이 구원될 가망이 없다고 느끼게 된다. 그 순간 그는 공포감에 비명을 질러 박물관을 지키는 경비에게 끌려 나갔다. 그는 곧 돌아와 다시 열심히 그 그림을 들여다보았다. 그러는 사이에 자기도 모르게 공포의 비명을 지르다 또다시 경비에게 끌려 나갔다.

세 번째로 돌아왔을 때 그는 다시 한 번 그 그림을 자세히 들여다보았다. 그리고 이것은 이 그림을 그린 화가가 처음부터 의도했던 일이지만, 그는 악마가 장군을 불러 몰아붙이고 있는 상황 속에서도 자세히 보면 빠져나갈 수 있는 길이 꼭 한 수 있음을 발견했다. 그러자 이 체스의 명수는 더 이상 소리를 지르지 않았다.

유대인에게 무지개는 바로 이와 같은 것이다. 그들은 언제, 어느 때라도 신중하게 생각하고 절체절명의 순간에도 반드시 무지개가 나온다는 것을 믿고 있다. 이 세상에는 전쟁과 질병처럼 인간이 이길 수 없는 것도 많다. 하지만 유대인은 반드시 무지개를 떠올리며 희망을 잃지 않는다.

기도

유대인은 아침, 오후, 저녁, 세 번 기도를 드린다. 아브라함은 새벽같이 일어나는 부지런한 사람이었으므로 최초에 새벽 기도를 드린 사람은 아브라함일 것이라고 말해지고 있다.

아침은 해가 뜨고, 새가 지저귀고, 빛이 가득해서 유대인들은 우선 자연과 친해질 수 있는 시간이라고 생각한다. 또, 아침은 활력과 젊음이 넘쳐서 무언가에 열광케 하는 에너지를 느끼게 해준다. 그러나 이렇게 넘쳐흐르는 활력이나 아이디어에 방향이 없으면 안 된다. 그 때문에 아침기도가 필요한 것이다.

아브라함의 아들 이삭은 "무엇을 하고 있느냐?"고 다른 사람이 물으면 반드시 "지금 기도를 드리고 있다."고

대답했다. 이때는 오후였다. 이삭이 오후에 기도 드린 최초의 인간이라 일컬어지는 것은 이 때문이다. 오후는 유대인에게 중년을 뜻한다. 오후, 즉 중년의 기도는 인생에서 안정을 찾고 세계를 잘 이해할 수 있게 해준다.

저녁에 기도를 드린 최초의 인간은 이삭의 아들 야곱이었다. 해가 지면 인간은 홀로 남겨졌다는 느낌이 강해진다. 고독하고 쓸쓸해서 저절로 기도하고 싶은 마음이 생긴다. 이것은 노년(老年)을 뜻한다.

십계명에 대해서

십계명은 많은 사람에 의해서 가끔 오해를 받는다. 신앙, 의식(儀式), 윤리적인 행동, 이 3가지가 종교적인 요소인데, 십계명은 이 3가지 요소가 어떻게 관계 맺고 있는가를 보여준다.

예를 들어 하나의 나무 같은 것이다. 나무 뿌리는 인간을 믿고 하나님을 믿고 세계를 믿는 것을 가리킨다. 가지는 나무줄기에 대해 여러 가지 의식에 해당한다. 그리고 나무에 열린 과일은 실천적인 행동인 셈이다.

이들 3가지의 비율은 십계명에서는 믿음이 한 가지, 의식이 3가지, 실천이 6가지로 되어 있다. 실천이 얼마나 중요한가는 이상의 비율로도 알 수 있다.

따라서 유대인은 끊임없이 실천하는 것에 중점을 두는

대신 믿음을 크게 강조하지 않았다. 옳게 믿는다는 것보다는 옳게 행동하는 것이 얼마나 중요한지를 알고 있기 때문이다.

십계명의 10가지 중 7가지는 '아니오(no)'라는 말로 시작되고 있다. 이것은 무엇을 가리키는가? 여러 이유가 있지만, 그중 하나는 '아니오'라는 것이 매우 중요하다는 것이다. '예(yes)' 보다 '아니오'라고 하는 데 상당한 용기가 필요하기 때문이다.

또 한 가지 이유는 긍정 뒤에는 반드시 부정형이 있지 않으면 안 되기 때문이다. 예를 들어 정직이라는 것을 긍정하려는 한편으로 부정직하다는 것을 부정하는 정신이 없어서는 안 된다. 이는 한쪽을 긍정하려면 다른 쪽에 대한 강렬한 거부 반응이 없으면 안 된다는 것을 나타낸다. 옳은 것을 긍정할 뿐 아니라 그 반대 측에 있는 것을 부정하려는 강한 마음이 없어서는 안 되는 것이다.

인간의 조화 '하늘과 땅'

창세기에서도 볼 수 있는 것처럼, 하늘이 먼저 만들어진 다음 땅이 만들어지고, 태양이 만들어진 다음 달이 만들어졌듯이 이 세상에는 균형 잡힌 조화라는 것이 있다. 유대인은 살아가면서 매사에 조화를 중시한다. 유대인에게 하늘에 속한다는 개념은 정신적인 것이고, 땅에 속하는 것은 동물적인 것이다. 다음은 탈무드에 있는 창세기의 해석 중 하나다.

인간의 육체는 대지에 속하고, 마음은 하늘에 속해 있다. 결혼 행위 그 자체는 대지에 속해 있지만, 부부가 사이좋게 살아가거나 서로 사랑으로 생활하는 것은 하늘에 속해 있으므로 제각각 조화가 이루어져 있다.

아이를 낳는 일 자체는 땅에 속해 있지만, 즐거운 가정을 이루고 자녀에 대해 어버이가 희생하는 것은 하늘에 속해 있다. 인간이 살아가는 것은 땅에 속해 있지만, 사회를 위해 봉사한다든가 이웃과 사이좋게 지내는 일 따위는 하늘에 속해 있다.

인간은 대지가 어떤 모양을 하고 있는가를 알아보는 데만도 수백 년, 수천 년을 필요로 했다. 오늘날 우리가 살고 있는 대지에 대해 대부분 알게 되었다고 하나 여전지 전부를 샅샅이 알고 있는 것은 아니다. 바다 밑이 어떻게 되어 있는가, 비경(秘境)은 어떤 상태인가도 확실히 알지 못한다.

우리가 서 있는 대지에 대해서조차 잘 모르는데 어떻게 하늘에 대해 쉽게 알 수 있겠는가? 예를 들어 하늘에 속한다고 생각되는 인간의 사고력이 잠재의식을 지니고 있다는 사실은 겨우 30년 전에야 알게 되었음에 지나지 않는다. <mark>편역자 주</mark> 1970년 초 저자가 이 글을 쓸 당시를 기준으로 한 말이다.

살세레트

멜로디 마크는 약 25개가 있다. 그 가운데 '살세레트(shalshelet)'라는 멜로디 마크는 '주의'라는 신호처럼 보인다. 이 멜로디가 세 번 울리면 반드시 주의해야 할 중요한 대목이 나타난다는 것이다. 이 멜로디 마크는 성경 가운데 단 네 번밖에 나오지 않는다. 따라서 그것은 아주 귀한 마크라는 증거다. 편역자 주 유대인은 성경 말씀을 노래처럼 단어에 멜로디를 넣어 읽는다. 그 멜로디 음정은 오늘날 오선지에 콩나물처럼 표시된 것이 아니라, 그들만이 이해할 수 있는 마크들로 표시해 두었다. 이를 멜로디 마크(Cantillation Marks)라고 한다. 따라서 유대인은 성경 말씀을 노래로 읽기에 구약 전체를 암송하는 이들이 많다. 그들이 이렇게 성경 말씀을 노래로 읽는 이유는 하나님이 모세에게 이렇게 읽도록 명령하셨기 때문이다. "그러므로 이제 너희는 이 노래를 써서 이스라엘 자손에게 가르쳐서 그 입으로 부르게 하여 이 노래로 나를 위하여 이스라엘 자손에게 증거가 되게 하라."(신 31:19).

> 그러나 롯이 〈지체하매〉 그 사람들이 롯의 손과 그 아내의 손과 두 딸의 손을 잡아 인도하여 성 밖에 두니 여호와께서 그에게 인자를 더하심이었더라. (창세기 제19장 제16절)

맨 처음에 나오는 '살세레트'는 소돔과 고모라의 장에 나온다. 아브라함의 조카인 롯이 소돔에 살고 있었다. 소돔은 악으로 가득 찬 도시였다. 롯은 큰 부자였지만 아브라함으로부터 악으로 가득 찬 소돔이 곧 멸망할 것이니 떠나라는 충고를 듣는다.

롯이 소돔을 떠나려고 할 때, 순간적으로 지체한다. 그 '그는 지체하며'라는 말 위에 '살세레트'가 붙어 있다.

롯은 왜 주저했을까? 오랜 기간에 걸쳐 쌓아 올린 재산이 하루아침에 잿더미로 변하는 것을 생각했기 때문이었다. 누구에게나 이런 상황이 있다. 요컨대 도덕적으로 투

철한 생활과 경제적으로 풍요로운 생활 중 어느 한 가지를 빨리 선택해야 하는 상황에서 '살세레트'가 붙어 있는 것이다.

> 그가 가로되 "우리 주인 아브라함의 하나님 여호와여 원컨대 오늘날 나로 순적히 만나게 하사, 나의 주인 아브라함에게 은혜를 베푸시옵소서." (창세기 제24장 제12절)

두 번째 '살세레트'가 나오는 곳은 아브라함이 어떤 여자를 아들의 아내로 삼을까 고민할 때다. 그는 이삭에게 좋은 아내를 짝 지어주려고 하인 한 명을 메소포타미아로 보냈다. 하인은 예에 아브라함이 살던 메소포타미아 가까이 가서 하나님에게 마음씨 넓고 아름다운 처녀를 주인 아들을 위해 찾게 해달라고 기도 드리기 시작한다. 그가 좋은 처녀를 찾게 해달라고 기도를 드리기 시작한 곳에 '살세레트'가 붙어 있다.

이것은 아내로 맞이하기 위해 좋은 여자를 찾아내는

일이, 인생에 있어서 얼마나 중요한 순간인가를 알려주기 위함이다. 따라서 이런 순간을 가볍게 여겨서는 안 된다는 뜻으로 그 위에 '살세레트'가 붙어 있다고 후세의 랍비들은 생각했다.

> 요셉이 〈거절하며〉 자기 주인의 처에게 이르되, 나의 주인이 가중 제반 소유를 간섭치 아니하고, 다 내 손에 위임하였으니…. (창세기 제39장 제8절)

요셉은 사회적으로 높은 지위와 부를 가진 이집트 인의 집에 하인으로 들어가게 되었다. 요셉은 현명하고 재능이 있었으므로 그의 주인을 위해 집안 살림을 도맡아서 해주었다.

어느 날 주인이 집에 없을 때 주인의 아내가 요셉을 유혹했다. 요셉은 그것을 거절한다. 그 '요셉은 거절하며'라는 말 위에 '살세레트'가 붙어 있다.

그것은 거절해야 할 때 거절하는 것이 인생에서 아주 중요하다는 것을 강조한다고 랍비들은 생각했다. 대부분의 사람은 '아니오(no)'라는 말을 제대로 하지 못한 채 인생을 헛되게 보내는 경우가 많다.

> 모세가 〈잡고〉 그 피를 취하여 아론의 오른 귓부리와 오른손 엄지가락과 오른발 엄지가락에 바르고 (레위기 제8장 제23절)

네 번째는 재물을 바쳐 제사 지내는 하나의 제도를 확립해야 할 때 그 제물을 바치지 않으면 안 된다, 또는 희생을 바치지 않으면 안 된다는 말 위에 '살세레트'가 붙어 있다. 무슨 일이건 자신이 희생을 바치지 않고는 위대한 일이 성취될 수 없음을 가르치기 위함이다.

한국어판 성경에는 '잡는다'라고 번역되어 있지만 히브리어로는 '바이슈하트'라는 말로 되어 있으며 이것은 '제물을 바치기 위해 죽인다'는 뜻이다.

교육 혁명이 시작되었습니다!
- 가정교육 · 교회교육 · 교회성장 위기의 대안 -

자녀교육 + 교회성장 고민하지요?

Q1: 왜 현대 교육은 점점 발달하는 데 인성은 점점 더 파괴되는가?
Q2: 왜 자녀들이 부모와 코드가 맞지 않아 갈등을 빚는가?
Q3: 왜 대학을 졸업하면 10%만 교회에 남는가? 교회학교의 90% 실패 원인은?
Q4: 왜 해외 교포 자녀들이 남은 10%라도 부모교회를 섬기지 않는가?
Q5: 왜 현대인에게 전도하기가 힘든가?

근본 대안은 유대인의 인성교육과 쉐마교육에 있습니다

- 어떻게 유대인은 위의 문제를 4,000년간 지혜롭게 해결하고 세계를 지배하고 있는가?
- 어떻게 유대인은 아브라함 때부터 현재까지 세대차이 없이 자손 대대로 말씀을 전수하는데 성공했는가?

■ 쉐마교육연구원은 무슨 일을 하나?

1. 2세 종교교육 방향제시
혼돈 속에 있는 2세 종교교육의 방향을 성경적이고 과학적인 연구에 의해 옳은 방향으로 제시해 준다.

2. 성경적 기독교교육 재정립
유대인의 자녀교육과 기존 기독교교육 자료를 중심으로 백년대계를 세울 수 있도록 한국인에 맞는 기독교교육 방법을 재정립한다.

3. 한국인에 맞는 기독교교육 자료(내용) 개발
현 한국 및 전 세계 한국인 디아스포라를 위해 한국인의 자녀교육에 맞는 기독교교육 내용을 개발한다.

4. 해외 및 기독교교육 문제 연구
시대와 각 지역 문화의 변화에 대처하기 위해 계속 연구하고 대안을 제시한다.

5. 교회교육 지도자 연수교육
각 지교회에 새로운 교회교육 지도자를 양성 보충하며 기존 지도자의 필요를 충족시켜준다.

6. 청소년 선도 교육 실시
효과적인 청소년 교육 프로그램을 개발하여 선도교육을 실시한다.

7. 효과적 성서 연구 및 보급
성경을 교육학적으로 보다 깊이 연구하고 효과적인 전달 방법을 개발하여 이를 보급한다.

8. 세계 선교 교육
본 연구원의 교육 이념과 자료가 세계 선교로 이어지게 한다.

■ '쉐마지도자클리닉'이란 무엇인가?

쉐마교육연구원은 세계 최초로 현용수 교수에 의해 설립된, 인간의 인성과 성경적 쉐마교육을 가르치는 인성교육 전문 교육기관이다. 본 연구원에서 가르치는 핵심 교육의 내용 역시 현 교수가 하나님이 주신 지혜로 계발한 것들이며, 거의 모두가 세계 최초로 소개된 인성교육의 원리와 실제를 함께 가르치는 성경적 지혜교육이다. 본 연구원은 바른 인성교육 원리와 쉐마교육신학으로 가정교육·교회교육·교회성장 위기의 대안을 제시해 준다.

쉐마교육연구원에서 주관하는 '쉐마지도자클리닉'은 전체 3학기로 구성되어 있다. 1주 집중 강의로 3차에 걸쳐 제1학기는 '유대인을 모델로 한 인성교육 노하우', 제2학기는 '유대인의 쉐마교육'이 국내에서 진행된다. 제3학기는 '유대인의 인성 및 쉐마교육 미국 Field Trip'으로 미국에서 진행되며 현용수 교수의 강의는 물론 L.A에 소재한 유대인 박물관, 정통파 유대인 회당 및 안식일 가정 절기 견학 등 그들의 성경적 삶의 현장을 견학하고, 정통파 유대인 랍비의 강의, 서기관 랍비의 양피지 토라 필사 현장 체험을 한 후 현지에서 졸업식으로 마친다.

3학기를 모두 마친 이수자에게는 졸업 후 쉐마를 가르칠 수 있는 'Teacher's Certificate'를 수여하여 자신이 섬기는 곳에서 쉐마교육을 가르칠 수 있도록 도와준다.

■ 누가 참석해야 하는가?

- 기존 교육에 한계를 느끼고 자녀교육과 교회학교 문제로 고민하시는 분.
- 한국 민족의 후대 교육을 고민하며 그 대안을 간절히 찾고자 하시는 분.
- 하나님의 말씀을 자손에게 물려줄 수 있는 비밀을 알고자 하시는 분.
- 유대인의 효도교육의 비밀과 천재교육+EQ교육의 방법을 알고자 하는 분.

미국 : 3446 Barry Ave. Los Angeles, California 90066 USA
    쉐마교육연구원 (310) 397-0067
한국 : 02)3662-6567, 070-4216-6567, Fax. 02)2659-6567
www.shemaiqeq.org shemaiqeq@naver.com

IQ · EQ 박사 현용수의
유대인 자녀교육 총서

	인성교육론 시리즈	쉐마교육론 시리즈	탈무드 시리즈
1	인성교육론 + 쉐마교육론의 총론: IQ는 아버지EQ는 어머니 몫이다 전3권		탈무드 1 : 탈무드의 지혜 (원저 마빈 토카이어, 편저 현용수)
2	현용수의 인성교육 노하우 1 - 인성교육이란 무엇인가 -	부모여, 자녀를 제자삼아라 전2권 - 유대인 자녀교육이 필요한 이유 -	탈무드 2 : 탈무드와 모세오경 (이하 동)
3	현용수의 인성교육 노하우 2 - 인성교육의 본질과 원리 -	잃어버린 구약의 지상명령 쉐마 전3권 - 교육신학의 본질 -	탈무드 3 : 탈무드의 처세술 (이하 동)
4	현용수의 인성교육 노하우 3 - 인성교육과 EQ + 예절 교육 -	유대인 아버지의 4차원 영재교육 - 아버지 신학 -	탈무드 4 : 탈무드의 생명력 (이하 동)
5	현용수의 인성교육 노하우 4 - 다문화 속 인성 · 국가관 -	자녀들아, 돈은 이렇게 벌고 이렇게 써라 - 경제 신학 -	탈무드 5 : 탈무드 잠언집 (이하 동)
6	문화와 종교교육 - 박사 학위 논문을 편집한 책 -	자녀의 효도교육 이렇게 시켜라 전3권 - 효신학-	탈무드 6 : 탈무드의 웃음 (이하 동)
7	IQ · EQ박사 현용수의 쉐마교육 개척기 - 자서전 -	신앙명가 이렇게 시켜라 전2권 - 가정 신학 -	옷을 팔아 책을 사라 (원저 빅터 솔로몬, 편저 현용수, 쉐마)
8	가정해체로 인한 인성교육 실종 대재앙을 막는 길 - 논문 -	성경이 말하는 남과 여 한 몸의 비밀 - 부부 · 성 신학 -	
9		성경이 말하는 어머니의 EQ 교육 전2권 - 어머니신학 -	
10		한국형 주일가정식탁예배 예식서, 순서지 - 가정예배 -	
11		하나님의 독수리 자녀교육 - 고난교육신학 1 -	
12		유대인의 고난의 역사교육 - 고난교육신학 2-	
13		승리보다 패배를 더 기억하는 유대인 - 고난교육신학 3-	

이런 순서로 읽으세요 (전 37권)

인성교육론과 쉐마교육론

- 전체 유대인 자녀교육에 대한 개론을 알려면
  - 《IQ는 아버지 EQ는 어머니 몫이다》(전3권)
- 유대인을 모델로 한 인성교육의 원리를 이해하려면
  - 《현용수의 인성교육 노하우》(전4권)
- 인성교육론이 나오게 된 학문적 배경을 이해하려면
  - 《문화와 종교교육》(현용수의 박사 학위 논문)
  - 《IQ·EQ 박사 현용수의 쉐마교육 개척기》(현용수 박사의 자서전)
- 왜 기독교교육에 유대인의 선민교육이 필요한지를 알려면
  - 《부모여 자녀를 제자 삼아라》(전2권)
- 쉐마교육론(교육신학)이 나오게 된 성경의 기본 원리를 알려면
  - 《잃어버린 구약의 지상명령 쉐마》(전3권)
    (쉐마와 자녀신학이 포함됨)
- 가정 해체와 인성교육과의 관계를 알려면
  - 《가정 해체로 인한 인성교육 실종 대재앙을 막는 길》

각 쉐마교육론을 더 깊이 연구하려면 다음 책들을 읽으세요

- 아버지 신학 《유대인 아버지의 4차원 영재교육》
- 경제 신학 《자녀들아, 돈은 이렇게 벌고 이렇게 써라》
- 효 신학 《자녀의 효도교육 이렇게 시켜라》(전3권)
- 가정 신학 《신앙명가 이렇게 세워라》(전2권)
- 부부·성 신학 《성경이 말하는 남과 여 한 몸의 비밀》
- 어머니 신학 《성경이 말하는 어머니의 EQ 교육》(전2권)
- 가정예배 《한국형 주일가정식탁예배 예식서》(별책부록: 순서지)
- 고난교육신학 1 《하나님의 독수리 자녀교육》
- 고난교육신학 2 《유대인의 고난의 역사교육》
- 고난교육신학 3 《승리보다 패배를 더 기억하는 유대인》

앞으로 더 많은 교육 교재가 발간될 예정입니다. 계속 기도해 주세요.